보는 순간 팔로우하고 싶게 만드는

# 인스타그램 브랜딩 레시피

보는 순간 팔로우하고 싶게 만드는

# 인스타그램 브랜딩 레시피

지은이 김정은

펴낸이 박찬규   엮은이 윤가희   디자인 북누리   표지디자인 Arowa & Arowana

펴낸곳 위키북스   전화 031-955-3658, 3659   팩스 031-955-3660

주소 경기도 파주시 문발로 115, 311호(파주출판도시, 세종출판벤처타운)

가격 22,000   페이지 292   책규격 170 x 238mm

1쇄 발행 2022년 01월 12일
2쇄 발행 2022년 04월 15일
3쇄 발행 2022년 08월 25일
4쇄 발행 2023년 04월 20일
5쇄 발행 2024년 04월 30일
ISBN 979-11-5839-295-6 (13000)

등록번호 제406-2006-000036호   등록일자 2006년 05월 19일
홈페이지 wikibook.co.kr   전자우편 wikibook@wikibook.co.kr

이 책은 일하는 사람들의 콘텐츠 플랫폼 퍼블리(publy.co)에서 발행한
〈인스타그램 레시피〉를 기반으로 내용을 보충해 출간했습니다.

보는 순간 팔로우하고 싶게 만드는

# 인스타그램 브랜딩 레시피

김정은 지음

위키북스

# 프롤로그

새로운 브랜드나 마음에 드는 브랜드를 발견했을 때 여러분은 어디에서 그 브랜드의 정보를 가장 먼저 확인하나요? 저는 인스타그램을 먼저 확인합니다. 오늘날 인스타그램은 그 브랜드의 명함이라고 할 수 있습니다. 한눈에 브랜드의 분위기나 메시지, 제품 이미지 등을 볼 수 있습니다.

여러분이 브랜드의 사업주라면 아름다운 인스타그램 피드를 만드는 데 시간을 보내는 것을 아까워하지 말아야 합니다. 왜냐하면 인스타그램은 여러분의 비즈니스에 새로운 고객을 유입시킬 수 있는 매우 중요한 채널이기 때문입니다. 인스타그램을 통해 처음 브랜드를 접하는 잠재 고객에게는 인스타그램이 브랜드에 대한 첫인상을 좌우하므로 좋은 첫인상을 주기 위해 노력해야 합니다. 전반적인 인스타그램의 모습이나 느낌이 매장과 같은 오프라인 공간과도 일치되어야 합니다. 이것은 브랜딩과 관련이 되기 때문입니다.

브랜딩은 브랜드의 이미지와 느낌, 아이덴티티를 소비자의 머릿속에 심어주는 과정입니다. 소비자는 브랜드를 경험하면서 그 브랜드에 가치와 이미지를 부여합니다. 브랜딩이 잘 되려면 소비자가 브랜드를 다양한 통로로 경험하면서도 늘 일관된 이미지와 느낌이 들 수 있게 해야 합니다. 소비자는 그 일관된 이미지로 브랜드에 대한 신뢰성을 쌓고 충성심을 갖게 됩니다. 다양한 브랜드 중에서 소비자의 선택을 받으려면 브랜딩이 되어야 합니다. 최근 소비자의 취향이 점점 세분화되고 뚜렷해질수록 브랜딩의 중요성이 높아지고 있습니다.

인스타그램은 온라인에서 브랜딩을 표현할 수 있는 효과적인 미디어입니다. 인스타그램을 제대로 운영하려면 조직도 필요하고 시간도 걸리고 실수도 있겠지만, 인스타그램의 브랜딩이 잘 이루어진다면 브랜드가 원하는 소비자와 소통을 맺으며 브랜드 충성도가 높은 고객 및 커뮤니티를 만들 수 있습니다. 돈을 들여 광고나 홍보를 하지 않아도, 일관된 브랜딩만 유지해나가면 그 브랜드의 이미지를 좋아하는 고객들을 자연스럽게 맞이할 수 있는 것입니다.

인스타그램 브랜딩을 할 수 있는 방법을 알려주는 것이 이 책의 목적입니다. 이 책은 브랜드의 이미지를 보여주기 위해서 컬러, 그리드 배열, 사진 톤과 같은 시각적 요소를 중심으로 어떻게 구성할지를 알려줍니다. 여기에 더해, 브랜드의 콘텐츠를 제작하는 방법과 고객과 어떻게 소통을 맺을지 운영 가이드도 담고 있습니다. 이 모두가 인스타그램 브랜딩을 형성하는 요소입니다. 이러한 구성 요소와 실행 방법을 이해한다면 브랜드의 목적에 맞게 인스타그램을 어떻게 만들어 나가야 할지 알게 될 것입니다.

인스타그램은 사람들을 연결시키는 것Connect이지 사람들을 그저 모으는 것Collect이 아닙니다. 인스타그램에서 팔로워 수가 높은 것이 꼭 좋은 것이 아닙니다. 진성 브랜드 고객이 아닐 경우 그 숫자는 허수에 불과합니다. 팔로워를 허수로 모으면 나중에 피드백을 정확하게 받기가 어려워집니다. 데이터가 망가지면 어디를 고쳐야 할지도 모르게 되고 광고를 해도 효과가 없는 큰 문제가 야기됩니다. 숫자가 작더라도, 더디게 올라가더라도, 인스타그램을 브랜딩하려고 노력해야 합니다. 그래야 브랜드와 맞는 진성 팔로워를 모을 수 있습니다.

눈치챘을지 모르지만, 브랜딩이 잘 되고 콘텐츠를 잘 활용하는 기업들은 동일한 비즈니스 모델을 사용합니다. 브랜딩으로 충성스러운 오디언스Audience를 확보하고 지속해서 놀라운 콘텐츠를 제공하여 오디언스와의 관계에서 데이터를 얻고 고객을 창출함으로써 수익을 냅니다.

여러분은 인스타그램을 왜 시작하려고 하나요? 자신에 대한 퍼스널 브랜딩이나 자신의 브랜드로 사업을 잘하고 싶어서인가요?

그렇다면 인스타그램으로 자신의 브랜드 미디어를 만드세요. 브랜드는 자신이 만든 상품이나 서비스가 될 수도 있고, 자기 자신이 될 수도 있습니다. 모든 사람이 독립적인 브랜드를 갖고 브랜딩을 해서 향후 비즈니스에서도 활용할 수 있는 발판으로 인스타그램을 활용할 수 있습니다. 저는 많은 사람이 인스타그램을 자신의 브랜드 미디어로 만들어 이용했으면 합니다.

자신의 브랜드 사업을 장기간 유지하고자 한다면 나의 브랜드를 진정으로 사랑해주고 공감해주고 같이 가고자 하는 팬을 만들어야 합니다. 그러기 위해서 우선 나의 브랜드가 어떤 브랜드인지 잘 표현하고 알려야 하며 매력을 어필해야 합니다. 나의 개성을 드러낼 수 있게 인스타그램을 기획하고 지속해서 브랜딩해야 합니다.

주어진 툴을 어떻게 활용하느냐에 따라 누구나 미디어가 될 수 있는 시대에 살고 있습니다. 10억 명이 사용하는 인스타그램 소셜 미디어에서 여러분의 브랜드를 표현하고 그 브랜드를 사랑하는 사람들을 만나세요. 그 열쇠는 인스타그램 브랜딩입니다.

# 목차

# 제 2 장 브랜드 콘셉트

# 제 3 장 스타일 가이드

# 제 4 장  콘텐츠 가이드

# 제 5 장 운영 가이드

# 제 6 장 인스타그램 브랜딩 가이드 만들기

Appendix    # 부록

# 들어가기 전에 _ 인스타그램 화면 용어

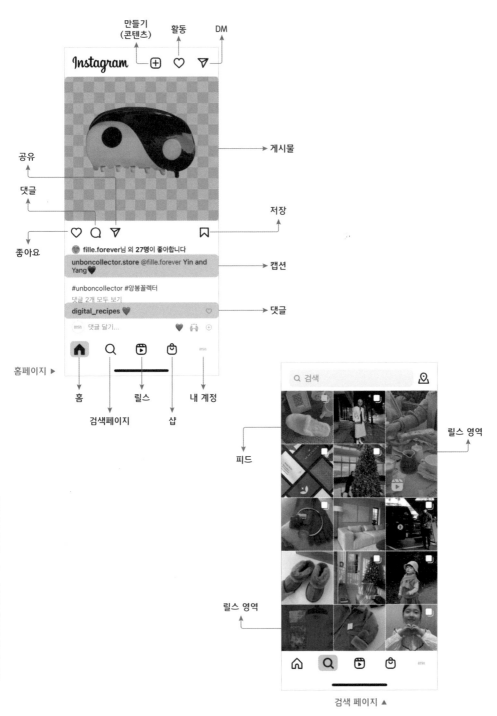

만들기
(콘텐츠)

활동

DM

공유

댓글

좋아요

게시물

저장

fille.forever님 외 **27명**이 좋아합니다

unboncollector.store @fille.forever Yin and Yang

#unboncollector #앙봉꼴렉터

댓글 2개 모두 보기

digital_recipes

캡션

댓글

댓글 달기...

홈페이지 ▶

홈

릴스

내 계정

검색페이지

샵

Q 검색

피드

릴스 영역

릴스 영역

검색 페이지 ▲

프로필 페이지 ▲

---

**템플릿 내려받기**

이 책의 부록에서는 인스타그램 브랜딩 가이드, 인사이트 결과 보고서 양식, 해시태그 가이드 워크북, 스토리보드 워크북을 제공합니다. 또한 부록에서 제공하는 템플릿은 도서 홈페이지의 [관련 자료] 탭에서 내려받을 수 있습니다.

책 홈페이지 _ https://wikibook.co.kr/instagram-branding

제 **1** 장

# 인스타그램에 대한 이해

인스타그램을 시작하기에 앞서, 먼저 인스타그램의 본질을 파악하고 이해해 보고자 합니다. 인스타그램은 다른 소셜 미디어와 어떻게 다른 특징을 가지고 있는지, 어떠한 의도로 만들어졌는지, 내부의 알고리즘은 어떻게 작동하는지를 살펴봄으로써 인스타그램을 파악해 보겠습니다. 또한, 인스타그램을 잘 사용하는 브랜드 사례를 살펴보고, 브랜딩 기획이 왜 필요한지를 알아보겠습니다.

## 01 _ 딱 맞는 소셜 미디어 선택하기

인스타그램을 소셜 미디어Social Media 또는 소셜 네트워킹 서비스Social Networking Service, SNS라고 합니다. 소셜 미디어란 사람들의 의견, 생각, 경험, 관점을 서로 공유하기 위해 사용하는 온라인 도구나 플랫폼을 말합니다. 이러한 소셜 미디어는 텍스트, 이미지, 오디오, 비디오 등의 다양한 형태를 가지고 있는데, 대표적으로 블로그Blog, 팟캐스트, 비디오블로그Vlog, 브이로그 등이 있습니다[1].

다양한 소셜 미디어 채널 © Adem AY, Unsplash

---

1  출처: 손에 잡히는 IT 시사용어

소셜 미디어 중에서 사람들이 많이 쓰는 플랫폼에는 트위터, 페이스북, 인스타그램, 유튜브, 네이버 블로그 등이 있습니다. 소셜 미디어는 저마다 특징이 있습니다. 마케팅을 위한 채널을 선택할 때 각 소셜 미디어의 특징을 살펴보고 자신의 상품이나 서비스를 홍보하는 데 가장 잘 맞는 미디어를 선택해야 합니다. 국내에서 현재 상업적으로 마케팅하는 데 유의미한 소셜 미디어는 네이버 블로그, 유튜브, 인스타그램을 꼽을 수 있습니다.

## 네이버 블로그 Naver blog

네이버 블로그는 우리에게 굉장히 익숙합니다. PC 인터넷 시대부터 전성기를 누려서 이제는 한물가지 않았냐고 할지 모르지만, 그래도 국내 인터넷 콘텐츠에서 네이버를 빼놓을 수는 없습니다. 대한민국 사람 대부분이 검색할 때 네이버로 검색을 많이 하기 때문에 제목이나 해시태그를 잘 넣으면 고객과의 접점을 가질 확률이 매우 높습니다.

네이버 블로그 홈 페이지

네이버의 또 하나의 큰 장점은 본문에서 자유로운 링크가 가능하다는 점입니다. 다양한 웹페이지로 추가 정보 및 유튜브 등의 영상, 그리고 쇼핑몰로도 연결시킬 수 있습니다.

그래서 한 블로그 내에서 스토리로 콘텐츠를 잘 풀어낸다면 좋은 콘텐츠로 인정받을 수 있습니다. 블로그에 광고성 글이 많아 유저들의 눈살을 찌푸리게 한 적도 있지만, 이제는 광고도 스토리가 있으면서 진정성 있는 콘텐츠로 구성한다면 사람들이 적절히 좋은 콘텐츠를 판단할 수 있는 문화가 자리 잡았습니다.

단점은 이렇게 좋은 콘텐츠를 만들려면 상당한 노력과 정성이 필요하다는 것입니다. 블로그에 많은 사진과 콘텐츠를 제대로 올려본 사람이라면 하나의 게시물을 올리는 데 상당히 많은 시간이 소요된다는 점을 알 것입니다.

그럼에도 불구하고 단계별로 내용을 길게 보여줘야 하거나 좀 더 깊이 있게 설명해야 하는 콘텐츠라면 네이버 블로그를 자신의 미디어로 선택하는 것이 적합합니다.

## 유튜브 YouTube

두 번째는 요새 가장 긴 체류시간을 가지고 있는 유튜브입니다. 유튜브는 구글의 동영상 플랫폼입니다. 구글이 좋은 콘텐츠를 제공하는 크리에이터들에게 광고 수익을 잘 배분해 주기 때문에 많은 유튜버가 양질의 콘텐츠를 쏟아내고 있으며, 현재 유튜브는 세계에서 가장 강력한 동영상 플랫폼입니다.

모바일 플랫폼에서 영상이라는 포맷은 가장 효과적인 커뮤니케이션 툴이지 않을까 생각합니다. 꼭 필요하거나 재미있는 콘텐츠가 아니라면 작은 모바일 폰에서 긴 글을 집중력 있게 장시간 보기는 여간 쉽지가 않습니다. 상품에 따라 사용법을 글로 설명하기가 복잡한 경우가 있는데, 사용법을 영상으로 보여주면 짧은 시간에 더 쉽게 이해하게 만들 수 있습니다.

유튜브 © NordWood Themes, Unsplash

영상은 실감나게 시각적으로 체험하게 하기 때문에 고객을 설득하기가 더 쉽습니다. 앞으로도 모바일 플랫폼에서는 영상의 힘이 더 강해질 것으로 보입니다. 사람들은 유튜브처럼 좋은 영상 플랫폼으로 몰려 강력한 시장을 계속 형성할 것입니다.

한 가지 단점은 영상을 촬영하고 편집하는 데 굉장한 노고와 시간이 소요된다는 것입니다. 편리한 툴이 다양하게 지속적으로 제공되지만, 그만큼 영상의 퀄리티 기준도 높아지고 있습니다. 그래서 영상 제작에 투자해야 하는 리소스도 고려해야 합니다.

콘텐츠가 사운드 및 영상과 함께 보여주면 훨씬 더 전달력이 좋아지거나 제작자가 글보다 말로 설명하는 전달력이 좋거나 글로 표현하기에는 너무 긴 내용이라면 유튜브를 메인 소셜 미디어 툴로 선택하는 것이 좋습니다.

## 인스타그램 Instagram

세 번째는 비주얼이 중요한 인스타그램입니다. 인스타그램은 처음에 멋진 사진 공유 플랫폼으로 시작해서 많은 패션피플에게 인기가 있었습니다. 옷을 살 때는 사실 한 장의 사진만으로 영향을 받아서 구매를 결정하는 경우도 많은데, 그런 감각적인 인플루언서들이 인스타그램을 트렌드를 이끄는 플랫폼으로 성장시키고 있습니다. 또한, 장르에 상관없이 다양한 상품이나 서비스의 브랜드들이 인스타그램 계정을 운영하고 있습니다.

인스타그램 © Souvik Banerjee, Unsplash

장점으로는 스마트폰만 사용해도 인스타그램에 콘텐츠를 올리고 운영하는 것이 가능하다는 점입니다. 그렇다고 다른 소셜 미디어에 비해 사용하기가 쉽다고 생각해서는 안 됩니다. 인스타그램에서는 사진으로 커뮤니케이션을 확실히 해야 하기 때문에 임팩트 있는 비주얼을 만들어서 적절히 배치하고 올려야 합니다. 즉, 고도의 감각적인 큐레이션 기획이 필요합니다.

인스타그램의 프로필을 방문하면 그 브랜드를 한눈에 파악할 수 있습니다. 브랜드가 마음에 들어 팔로우 할지 말지 결정하는 데 3초도 걸리지 않는다고 합니다. 3초 안에 사람들을 사로잡을 수 있는 매력적인 비주얼을 만들어야 합니다. 브랜드 미학을 가지고 비주얼로 자신의 브랜드를 잘 표현할 수 있고 큐레이션 감각이 좋다면 인스타그램이 브랜드에 날개를 달아줄 것입니다.

무조건 지금 인스타그램이 대세이기 때문에, 혹은 남들이 하니까 할 것이 아니라, 자신의 제품을 사람들에게 선보이기에 어떤 유형이 적합한지를 생각해야 합니다. 그렇게 하기 위해서는 각 소셜 미디어가 어떤 특징이 있고, 내가 그것을 잘 이용할 수 있을지를 판단해야 합니다.

이런 면을 검토해보고도 인스타그램이 여러분의 브랜드와 콘텐츠를 표현하는 데 적합한 소셜 미디어로 생각된다면 계속 이 책을 보셔도 좋습니다.


## 02 _ 인스타그램 제대로 알기

지금 이 책을 읽고 있다면 인스타그램을 좀 더 잘 해보고자 하는 마음을 갖고 있을 거라고 생각합니다. 그렇다면 인스타그램의 본질에 대해 알고 시작하는 것이 도움이 될 것입니다. 단순히 인스타그램을 어떻게 사용하는지에 관한 매뉴얼을 익히는 것보다 먼저 인스타그램이 어떤 목적으로 개발됐고, 그 안에 어떠한 문화가 있는지를 알아야 우리가 그 안에서 어떻게 행동해야 할지 파악할 수 있기 때문입니다.

## 인스타그램은 비주얼 소셜 미디어<sup>Visual Social Media</sup>

본격적으로 인스타그램을 이해하기 위해서
인스타그램의 태생에 대해 먼저 알아보겠
습니다. 전 세계 10억 명이 넘게 쓰는 사진
공유 애플리케이션 인스타그램을 만든 사
람은 케빈 시스트롬<sup>Kevin Systrom</sup>입니다. 인스
타그램은 2010년에 탄생했고, 그로부터 2
년이 채 안 되어 페이스북에 1조 원에 인수
되었습니다. 페이스북 창업자 마크 주커버
크는 유명해서 많이 들어봤을 텐데 케빈 시
스트롬에 대해서는 국내에 많이 언급되지 않았습니다.

케빈 시스트롬 사진 출처: 위키피디아

케빈은 어렸을 때부터 사진 덕후였다고 합니다. 그는 장난감보다도 카메라를 좋아해서
부모님도 크리스마스에 카메라를 선물할 정도였고, 학교에서도 늘 사진 동아리 회장이
었습니다. 그는 스탠퍼드에 진학해 경영학을 전공했지만, 사진에 대한 열정은 대학에
서도 식지 않았습니다. 케빈은 평소 르네상스 문화를 동경했으며 그래서인지 르네상스
문화가 번영한 피렌체로 대학교때 사진연수를 갔습니다. 최고의 사진을 찍고 싶은 그
는 수업에 최고 스펙의 카메라를 가지고 갔는데 교수님이 그 카메라를 뺐었다고 합니
다. "최고의 카메라로 멋진 사진을 찍는 건 누구나 할 수 있는 일이다. 하지만 부족한
카메라로 그 부족함을 보완해서 멋진 사진을 만들어낼 수 있다면 그것이 진정한 실력
이다" 그러면서 아주 오래된 낡은 카메라를 주었다고 합니다. 그 카메라의 프레임이 정
사각형이었습니다.

훗날 인스타그램을 개발하면서 이 경험에서 많은 영감을 받았다고 합니다. 인스타그램
을 개발할 당시 아이폰의 사진 화질은 지금과는 달리 저화질이었습니다. 저화질의 사
진을 멋지게 보이게 하기 위해 사진에 색이나 빛을 덧씌워 새로운 분위기로 바꿔주는
필터 기능을 개발했고, 그로 인해 인스타그램 앱에 사진을 올리면 사진 전시회처럼 느
껴지는 느낌을 주어 많은 젊은이로부터 인기를 끌었습니다.

인스타그램보다 먼저 개발한 사진 공유 애플리케이션은 좀 더 많은 기능을 가지고 있었는데, 그 기능보다 이 필터가 많은 관심을 받아서 모든 기능을 없애고 사진 꾸미기와 공유 기능만 남긴 인스타그램을 만들었습니다. 그 이후로 케빈은 서비스의 본질과 핵심 기능에 집중하는 것을 중요시하게 됩니다.

인스타그램은 인스턴트(즉석)와 텔레그램(전신을 이용한 통신)을 합친 말로, 즉석에서 찍은 사진을 곧바로 전송한다는 뜻입니다. 즉, 언제 어디서든 사진을 찍어 공유할 수 있는 소셜 미디어입니다.

이렇게 케빈은 사진의 미학적인 부분을 굉장히 중요시하는 사람이었고, 그가 개발한 인스타그램 역시 그런 면을 가지고 있습니다. 그래서 인스타그램을 비주얼 소셜 미디어라고 말합니다. 그만큼 비주얼이 중요합니다. 한 장의 사진을 올리더라도 사진 자체가 다른 사람에게 어떤 영감을 줄 수 있는 임팩트 있는 비주얼이어야 합니다.

완벽한 미학을 추구하는 케빈 시스트롬과 달리 페이스북의 마크 주커버크는 빠르게 실행하고 확장하는 것을 중요시하는 철학을 가졌기 때문에 둘의 스타일은 상당히 달랐습니다. 이를 단적으로 보여주는 예로, 페이스북은 좀 완벽하지 않아도 새로운 기능을 빠르게 선보인 후 유저들의 사용 피드백을 받으면서 개선해 나가는 것을 지향하는 것에 반해, 인스타그램은 새로운 기능을 도입할 때 오랜 시간이 걸려도 사용자들에게 선보여도 될 정도로 완성된 버전을 내놓으려고 합니다.

그래서 인스타그램에 페이스북의 광고 시스템을 붙이려고 했을 때 몇몇 기업으로부터 광고할 사진과 문구를 받아서 케빈이 일일히 조정하고 테스트했다고 합니다. 오랜 테스트 기간을 거쳐서 나온 인스타그램의 광고는 다른 플랫폼보다는 광고를 보는 것이 불편하지 않습니다. 기존 콘텐츠 피드와 자연스럽게 어울리고 인스타그램의 미학적인 본질을 해치지 않고 개발되었기 때문입니다.

케빈은 페이스북에 있는 동안 마크 주커버크와는 다른 경영철학으로 많은 마찰이 있었던지라, 2018년 인스타그램 경영자 자리에서 물러났습니다. 더는 페이스북의 간섭을 견디지 못했던 것 같습니다.

그래서 인스타그램은 예전보다는 좀 더 신속하게 신규 기능 도입을 준비하고 있습니다. 올해 틱톡과 비슷한 짧은 영상 '릴스' 서비스가 도입되었고, 인앱 결제 커머스도 미국에서 현재 테스트 중이며, 조속히 런칭할 준비를 하고 있습니다. 앞으로도 계속 환경이 변화하겠지만, 인스타그램에는 여전히 게빈의 철학이 담겨 있습니다. 그래서 그가 추구했던 철학에 계속 주의를 기울일 필요가 있습니다.

## 인스타그램은 릴레이션 빌더 소셜 미디어Relation Builder Social Media

인스타그램은 비주얼 소셜 미디어라는 말 외에도 릴레이션 빌더 소셜 미디어Relation Builder Social Media라는 말이 있습니다. 말 그대로 관계를 쌓게 해주는 소셜 미디어라는 건데요. 이 관계는 인스타그램의 알고리즘이 맺어줍니다. 그래서 알고리즘에게 내가 어떤 사람과 연결되고 싶은지를 인스타그램 안에서 여러 가지 행동을 통해 단서를 제공해야 합니다.

인스타그램의 좋아요

인스타그램에서 어떤 콘텐츠를 보고 마음에 들었을 때 하는 대표적인 행동은 '좋아요'라는 의미로 하트 모양의 버튼을 누르는 것입니다. 이때 콘텐츠가 좋기는 해도 귀찮은데 하트를 꼭 눌러야 하나 하는 생각이 들 수도 있습니다.

그런데 인스타그램에서는 이 '좋아요'가 굉장히 중요한 역할을 합니다. '좋아요'는 사진과 콘텐츠에 대한 나의 취향을 알고리즘에게 알려주는 것입니다.

알고리즘은 어떤 콘텐츠에 대한 '좋아요' 반응을 기억하고 이 콘텐츠와 비슷한 류의 콘텐츠에 '좋아요'를 누르는 계정을 같은 그룹으로 묶으면서 비슷한 취향을 가진 계정 혹은 또 다른 '좋아요'를 할 만한 콘텐츠를 추천합니다.

그래서 나의 취향을 분명하게 드러낼수록 내가 좋아할 만한 콘텐츠를 추천받을 확률이 높아집니다. 하지만 반대로 내 콘텐츠에서 일관된 취향을 발현하지 못하면 알고리즘 관계도 안에 들어가지 못합니다. 나에게 알맞은 콘텐츠를 추천받지도 못하고, 남에게 내가 추천되지도 않습니다.

인스타그램을 한다는 것은 어찌 보면 거대한 파티장에 입장해서 '인싸'[2]가 되는 게임과 같습니다. 알고리즘은 파티장에서 나를 좋아해 줄 사람들이 있는 곳으로 나를 안내해 줍니다. 그중 나와 비슷한 취향의 비주얼로 소통하는 사람들과 관계를 맺고, 그곳에서 알려지고 영역을 확장하는 것입니다. 그런데 내가 어떤 개성도 나타내지 못하면 어떤 그룹에도 속하지 못하게 됩니다. 이것을 '아싸'[3]가 된다고 말합니다. 그래서 인스타그램에서는 내 취향을 드러내고 개성을 발현하며 색깔을 분명히 해나가는 브랜딩이 필요합니다.

'이런 알고리즘에 눈치보지 않고, 그냥 내 감성대로 사진을 올릴 거야' 하는 사람은 상관없지만, 인스타그램에서 내 콘텐츠를 좋아할 사람들에게 많이 알려지고 빨리 성장하기를 원한다면 알고리즘의 특성을 파악하고 인스타그램을 해야 합니다. 게임을 잘 하려면 게임의 기본 룰은 알고 시작해야 하니까요.

---

2  '인싸'는 인사이더(Insider)의 줄임말로, 조직 내에서 사람들과 잘 어울려 지내는 사람을 말합니다.
3  '아싸'는 아웃사이더(outsider)의 줄임말로, 조직 내에서 인간관계가 잘 되지 않고 주위를 겉도는 사람을 가리킵니다. 반대말로는 인사이더(insider)의 줄임말 '인싸'가 있습니다.

감성적인 인스타그램 앞에서 알고리즘 이야기를 하는 것이 딱딱하게 느껴지고 머리 아프게 생각될 수 있지만, 점점 고도화되는 인스타그램의 승자가 되기 위해서는 이런 부분도 감수해야 합니다.

처음 인스타그램을 만들고 지인들에게 내 계정을 알려주거나 나와 비슷한 관심사가 있을 것 같은 계정에 직접 찾아가 좋아요, 선팔 등을 하면 팔로워 수가 올라갑니다. 하지만 이런 방식은 팔로우가 천 명까지는 늘어나지만, 그 이후부터는 좀처럼 잘 되지 않습니다. 그 시점에 알고리즘의 추천이 필요합니다.

그래서 나의 비주얼 취향을 명확히 세우고 표현하는 것이 중요합니다. 그래야 알고리즘이 내가 인기 있을 만한 정확한 곳으로 끌어줄 수 있습니다. 그 취향을 밝히는 데 있어서는 앞에서도 여러 번 언급했듯이 내가 올리는 비주얼도 중요하고, 남의 비주얼에 내가 좋아한다는 의사를 정확하게 표시하는 것이 중요합니다.

그래서 인스타그램을 릴레이션 빌더 소셜 미디어라고 합니다. 인스타그램의 이런 실체를 알고 기획해야 합니다.

## 03 _ 인스타그램 알고리즘 파악하기

앞서 알고리즘을 이해하는 사람이 인스타그램을 빨리 성장시킬 수 있다고 했는데, 그렇다면 알고리즘이 실질적으로 어떻게 작용하는지 알아볼까요?

2016년 초만 해도 인스타그램의 알고리즘은 단순해서 브랜드들이 알고리즘을 위한 특별한 전략을 수립할 필요가 없었습니다. 인스타그램 피드는 시간 순이었으므로 꾸준히 콘텐츠를 게시하기만 해도 되었습니다. 하지만 오늘날은 더 이상 그렇지 않습니다. 인스타그램에서 성공하려면 인스타그램 알고리즘을 알고 그에 맞는 최적화가 필요합니다.

인스타그램에서 정확한 알고리즘 공식을 알려주지는 않지만, 크게 어떤 방향으로 발전하고 있는지는 알려줍니다. 기본적으로 인스타그램이 지향하는 방향은 사람들이 가장 보고 싶어 하는 콘텐츠를 적시에 볼 수 있도록 추천함으로써 인스타그램을 자주 오래 흥미롭게 볼 수 있게 콘텐츠를 배치해주려는 것입니다. 그를 위해 알고리즘은 여러 가지 공식으로 계산해서 콘텐츠의 우선순위를 매겨서 보여줍니다.

매년 새로운 인스타그램 알고리즘이 업데이트되고 있고, 인스타그램에서는 어떤 콘텐츠가 알고리즘의 점수를 많이 받는지를 설명하기 위해 발표를 합니다. 이를 통해 알고리즘에 영향을 미치는 요인을 추측해볼 수 있습니다.

## 알고리즘 영향의 주요 요인

인스타그램에 따르면, 사용자의 인스타그램 피드에 영향을 주는 주요 요인은 다음과 같습니다.

### 관심사

기본적으로, 인스타그램 알고리즘에서 가장 중요한 것은 콘텐츠에 대한 참여engagement도입니다. 참여가 많다는 것은 콘텐츠의 좋아요, 댓글, 저장, 공유, 동영상 조회 수 등의 반응으로 평가할 수 있습니다.

일반적으로 참여도가 높은 게시물(좋아요, 댓글, 공유, 조회 수 등)이 그렇지 않은 게시물보다 인스타그램 피드에서 더 먼저 보게끔 나타납니다. 어떤 게시물이 많은 좋아요와 댓글을 받으면, 알고리즘은 그 게시물을 더 많은 사람이 보고 싶어하는 퀄리티 있는 게시물로 인식하고 더 많은 사용자에게 추천합니다.

반응도와 더불어 또 하나의 관여되는 요소는 콘텐츠에 대한 관심사입니다. 사용자가 특정 장르의 콘텐츠를 보면 그 장르의 콘텐츠가 추천됩니다.

예를 들어, 내가 패션을 좋아해서 특정 패셔니스타 계정을 검색하거나 어떤 패션 브랜드 계정의 콘텐츠를 보면 인스타그램에서 그 패션과 비슷한 콘텐츠를 홈과 검색피드에 많이 추천해주는 것을 알 수 있습니다.

인스타그램은 모든 사람이 관심을 갖고 좋아하는 콘텐츠를 먼저 보게 하기 위해서 사용자가 팔로우하거나 좋아요 등의 반응을 한 콘텐츠를 중심으로 각 개인에게 맞춘 피드를 제공합니다.

이 말을 역으로 해석하면, 여러분의 콘텐츠가 다른 사람의 피드 앞순위에 노출되기 위해서는 좋아요 등의 참여를 많이 받아야 한다는 것입니다. 그래서 반응을 이끌 수 있는 고 퀄리티의 콘텐츠 제작이 가장 중요합니다.

또한, 참여 숫자가 높은 것보다 요새는 팔로워 수 대비 참여율이 높은 것이 점점 더 중요해지고 있습니다. 이는 신규 계정이라서 아직 팔로워 수가 많지 않더라도 좋은 콘텐츠를 생산해내는 계정의 발전을 돕기 위해서입니다. 그래서 팔로워를 많이 가지고 있더라도 그 계정이 일명 유령 계정이거나 비활동적이라면 여러분의 콘텐츠에 반응을 해주지 않기 때문에 이런 계정은 정리하는 것이 좋습니다.

## 친한 관계

최근 인스타그램 알고리즘은 친한 관계의 사람들의 게시물을 먼저 제시해줍니다. 여러분이 특정 계정을 검색해서 들어가거나 게시물에 늘 좋아요나 댓글을 달거나 자주 DM을 주고받는다면, 알고리즘은 그 계정이 실생활에서도 아는 사람이라고 추정합니다. 그래서 그 계정의 게시물을 놓치지 않고 보게끔 먼저 피드에 띄워줍니다. 그래서 내가 좋아하는 계정의 게시물에 지속적으로 반응하고 그 관계의 끈을 놓치 않는 것이 중요합니다.

마찬가지로, 여러분의 콘텐츠를 좋아하는 사람이 정기적으로 좋아요를 누르거나 댓글을 달거나 콘텐츠를 저장한다면 그들에게 여러분의 게시물이 먼저 보여집니다.

그러나 이 주기는 여러분이 얼마나 자주 인스타그램 앱을 열고 최근 게시물을 확인하느냐에 달려 있습니다. 인스타그램 앱을 자주 확인한다면 주요 관계에 있는 사람들의 포스트를 다 확인했기 때문에 이제 관계에 의한 순서보다는 업데이트된 시간 순서로 보일 것입니다.

## 사진이 게시되는 타이밍 및 반응 속도

인스타그램은 가급적 오래된 게시물보다는 최근 게시물을 보여주려고 합니다. 이는 여러분이 좋아하는 계정의 최신 이야기를 보여주고 싶어서입니다.

그리고 게시물에 반응을 많이 받기 위해서는 여러분의 콘텐츠를 좋아하는 팔로워들이 가장 활발히 활동하는 시간대에 글을 올려야 합니다. 팔로워들이 인스타그램을 보고 있지 않은 시간에 콘텐츠를 올리면 수많은 콘텐츠에 밀려서 조회되지 못할 수 있습니다. 그렇기 때문에 인스타그램에 글을 올릴 수 있는 가장 좋은 시간을 찾고, 그 시간대에 맞는 글을 올리는 것이 중요합니다. 가장 많은 사람이 보고 있을 때 콘텐츠를 올려서 '좋아요'를 더 많이 받을 수 있는 기회를 빨리 늘리면 알고리즘 추천 리스트에 여러분의 게시물이 포함됩니다

많은 참여(좋아요, 댓글 등)를 받는 것도 중요하지만, 얼마나 빨리 반응을 받는지도 중요합니다. 이는 인스타그램 해시태그 유행으로 이어집니다. 콘텐츠 자체에 대한 반응이 적어도 어떤 특정 해시태그에서 빠르게 반응을 얻을 경우, 그 해시태그를 점령할 수 있고 그 해시태그의 인기 게시물에 노출될 수 있습니다.

## 게시물에 대한 체류 시간

인스타그램 알고리즘은 사람들이 여러분의 게시물을 보는 데 얼마나 많은 시간을 소비하는지 그 체류 시간을 주요 요인으로 봅니다. 그래서 장문의 스토리텔링 콘텐츠를 읽게끔 매력적으로 올리는 것도 한 가지 방법이 될 수 있습니다. 또한 비디오를 올리는 이유도 일반 게시글에 비해서 비디오 시청에 시간이 더 오래 걸리기 때문입니다. 그리고 슬라이드 기능으로 여러 장의 사진을 올리거나 마지막에 어떤 클릭 행동을 유발시키는 것으로 게시하는 것도 좋은 전략이 될 수 있습니다.

이러한 인스타그램 알고리즘의 기본 성향은 홈 피드와 검색 페이지에서도 상당히 유사합니다. 단, 홈에서는 여러분이 이미 팔로우하고 있는 계정에서 알고리즘이 적용되고, 검색 페이지에서는 거의 새로운 계정의 추천으로 콘텐츠가 구성됩니다. 검색 페이지에서 인기 게시물에 나타나는 랭킹을 올리기 위해서는 틈새 해시태그 및 강력한 캡션이 있는 훌륭한 콘텐츠를 지속적으로 올리는 것이 중요합니다.

이렇게 알고리즘을 알고 게시물을 최적화하면 인스타그램을 효과적으로 이용할 수 있습니다.

## 알고리즘으로 랭킹을 높이는 방법

알고리즘 랭킹을 높이고 싶다면 가능한 한 많은 참여(좋아요, 댓글, DM, 저장, 공유)를 받는 것이 최선입니다. 그 외에도 알고리즘 순위를 개선하고 새로운 계정에 도달하는 7가지 방법은 다음과 같습니다.

### 인스타그램 최신 기능 사용

알고리즘의 인기를 빠르게 얻고 싶다면 인스타그램의 최신 기능을 사용하십시오. 예를 들면, 30초 이내의 세로 동영상인 릴스<sup>Reels</sup>라는 새로운 기능이 나오면 빠르게 그것을 채택해서 이용함으로써 알고리즘으로부터 좀 더 높은 점수를 얻을 수 있습니다.

윤쌤홈트<sup>@ch.yoooon</sup>는 릴스가 나온 초창기부터 빠르게 짧은 홈트 영상을 만들어서 팔로워가 계속 성장하고 있는 채널입니다.

릴스를 메인 콘텐츠 유형으로 올리는 윤쌤홈트 @ch.yoooon

## 스토리 스티커를 활용한 상호작용

인스타그램 스토리에서 제공하는 스티커(예: 설문하기, 질문하기, 슬라이더 등)는 사용자들의 참여를 유도하는 좋은 방법이며, 여러분의 게시물에 더 많은 참여를 이끌수록 인스타그램 알고리즘에 의한 랭킹은 더 높아질 것입니다.

의류 브랜드 ba&sh@bashparis는 엘로우 백과 오렌지 백의 소비자 선호도를 조사하기 위해서 간단한 설문 스티커를 이용한 스토리를 올렸습니다. YELLOW/ORANGE 중 클릭해서 선택하면 바로 결과를 보여줘서 참여자들의 반응을 쉽게 얻었습니다.

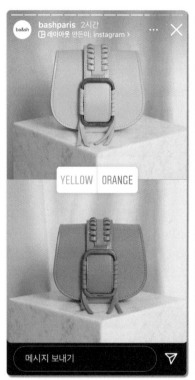 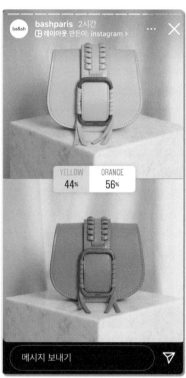

설문 스티커를 사용한 스토리 @bashparis

## 댓글 및 행동 유도 캡션 사용하기

콘텐츠에 대한 많은 반응이 나오는 것이 피드 랭킹에 매우 중요하다고 말씀드렸는데요. 따라서 여러분의 콘텐츠에 가능한 한 많은 반응이 나오게 유도하는 것이 좋습니다.

많은 반응을 유도하기 위해서는 좋은 캡션을 써야 합니다. 좋은 캡션은 행동(@계정 연결, 해시태그 클릭 등)을 유발하고, 더 많은 상호작용(좋아요. 댓글 등)으로 반응할 때 큰 진전이 나타날 수 있습니다.

지 원@tiamo_doha의 피드 게시물에서는 몽비쥬 이불 세트에 대해 설명한 후, 마지막에 몽비쥬 공식 계정@mon_bi_jou으로 넘어갈 수 있게 행동을 유도하고 있습니다.

마지막에 행동을 유도하는 캡션 예시 @tiamo_doha

## 최적의 해시태그 달기

해시태그를 다는 것은 인스타그램에서 더 많은 사람에게 도달할 수 있는 가장 효과적인 방법 중 하나입니다.

해시태그를 무조건 그냥 많이 다는 것보다는 비즈니스와 관련이 있고 콘텐츠에 관여할 가능성이 높은 사람에게 다가갈 수 있게 하는 적합한 해시태그를 찾아서 달아야 합니다. 브랜드에 가장 적합한 해시태그를 찾아서 해시태그 목록을 만들고 게시물 캡션에서 추가하면서 업로드해 보세요.

매일의 도구점 툴즈샵@toolzshop 게시물의 해시태그는 '#리빙'처럼 큰 해시태그, '#주방'처럼 중간 해시태그, 좀 더 세부적인 '#주방도구', '#주방살림'처럼 작은 해시태그를 써서 검색 범위가 큰 것부터 작은 것까지 다양하게 달아주면서 검색 유입 가능성을 높이고 있습니다.

다양한 검색 범위의 해시태그 게시물 @toolzshop

## 다양한 채널에 교차 홍보하기

알고리즘 랭킹을 끌어올리려면 인스타그램 내에서 다양한 채널에 콘텐츠를 교차 홍보하는 것이 좋습니다. 인스타그램이 성장하면서 피드, 스토리, 릴스, 샵, 가이드 등 콘텐츠를 공유할 수 있는 채널이 많아졌습니다.

쇼핑몰 29cm는 인스타그램 피드에 릴스(짧은 영상)를 올려서 [릴스 보기]로도 볼 수 있고, 릴스에서 하단의 [제품 보기]를 클릭하면 샵의 다양한 제품이 있는 컬렉션으로 넘어가서 제품들을 보여주면서 멀티채널을 활용해서 조셉앤스테이시 의류 제품을 홍보하고 있습니다.

피드, 릴스, 숍 컬렉션에 걸쳐서 제품을 노출하고 있는 쇼핑몰 29cm @29cm.official

## DM 활용

댓글이나 좋아요와 마찬가지로 DM<sup>Direct Message</sup>은 인스타그램 알고리즘의 강력한 참여 지표입니다. DM을 통해 자주 소통하는 계정이 있다면 인스타그램 스토리 피드 앞쪽에서 그 계정을 자주 마주친다는 것을 알아차릴 수 있을 겁니다. 이를 역이용하면 정기적으로 팔로워들에게 DM을 보내서 질문이나 피드백을 받는 것도 계정 방문을 유도할 수 있는 좋은 방법 중 하나입니다.

해외에서는 DM 마케팅을 적극적인 홍보 방식으로 많이 활용합니다. 용기를 내서 나의 브랜드를 좋아해줄 만한 취향의 고객에게 DM을 보내보세요. 이때 스팸으로 보이지 않게 문구를 정성스럽게 써서 보낸다면, 새로운 고객을 맞이할 수도 있을 겁니다.

방문을 유도하는 DM

## 인스타그램 분석 기능 모니터링

인스타그램에서 콘텐츠 효과를 모니터링하는 것은 콘텐츠에 대한 반응을 올리는 가장 좋은 방법 중 하나입니다. 무엇이 효과가 있었는지를 잘 이해하면 마케팅 계획을 세밀하게 조정할 수 있으며 장기적으로 시간과 노력을 절약할 수 있습니다.

인스타그램 인사이트[4] 메뉴에서 어떤 사진, 영상 또는 스토리가 가장 효과가 있었는지를 알아내는 것이 중요합니다. 이 활동을 지속함으로써 콘텐츠의 효과를 진정으로 이해하는 것이 랭킹 향상에 도움이 될 수 있습니다.

---

4  인스타그램의 사용자 동태 파악 통계 분석 프로그램. 콘텐츠가 몇 명의 사람에게 도달되고 조회되고 반응을 얼마나 받았는지, 팔로우의 지역, 연령, 성별, 사용 시간대 등 콘텐츠를 분석할 수 있는 데이터를 알려줍니다.

인스타그램 인사이트 메뉴 화면 © Georgia de Lotz, Unsplash

매년 조금씩 업그레이드되고 변화하는 알고리즘이지만, 순위를 높이기 위해 어떤 방법을 사용하더라도 그 전략의 핵심은 늘 팔로워들과 계속 교감하는 것에 있어야 합니다. 팔로워들과 진정한 관계를 형성하는 것은 알고리즘을 깨는 가장 강력한 방법이며, 여러분의 브랜드에도 좋은 효과를 미칠 것입니다.

**TIP** 알고리즘에 대한 진실

- 알고리즘은 모든 계정 유형(개인/비즈니스/크리에이터)을 동등하게 취급합니다.

- 모든 댓글은 길이에 관계없이 참여로 간주됩니다. 짧은 댓글, 혹은 이모티콘 한두 개만 달아도 동등한 참여 지표로 간주됩니다.

- 게시 후 처음 30분 동안은 순위가 결정되지 않습니다. 1시간 이후에 인기 게시물 반응을 체크해보세요.

## 04 _ 인스타그램으로 성장한 브랜드

코로나로 대부분의 산업이 위축되면서 대부분 사업체의 매출이 감소하고 있습니다. 하지만 이러한 팬데믹 시대에도 온라인 마케팅으로 오히려 매출이 늘어나는 곳도 있습니다. 강력한 브랜딩으로 온라인 플랫폼에 들어서면 고객이 줄지 않고 시장이 무한대로 확장될 수 있습니다.

인스타그램에서는 자신만의 사진으로 퍼스널 마케팅을, 자신이 만든 브랜드로 이름을 알리고 비즈니스를 일굴 수 있습니다. 한 유명 유튜버는 지금이 단군 이래 가장 돈 벌기 쉬운 시대라고 말하기도 했습니다. 그 이유는 미디어 비즈니스 모델을 갖출 수 있기 때문입니다. 누구나 자신만의 브랜드를 만들 수 있고, 브랜드 마케팅을 미디어 콘텐츠 마케팅으로 손쉽게 할 수 있습니다.

이해를 돕기 위해 인스타그램으로 자신 또는 제품을 브랜딩하여 비즈니스를 성공적으로 이끌어가는 브랜드를 살펴보겠습니다.

## 평범한 주부에서 억대 매출의 인플루언서 사업가가 된 사라 태스커

『인스타그램, 순간을 남기면 보이는 나』의 저자 사라 태스커<sup>Sara Tasker, @me_and_orla</sup>는 팔로워 약 22만 명을 지닌 인기 많은 인플루언서입니다. 평범한 아기엄마였던 그녀는 인스타그램으로 자신의 평범한 일상을 자신만의 사진 스타일로 보여주며 퍼스널 브랜딩을 구축합니다.

현재 그녀는 인스타그램으로 자신의 삶을 변화시킨 공로를 인정받는 작가 겸 창의적인 비즈니스 컨설턴트입니다. 영국 요크셔 지방에서 남편과 딸, 여러 반려동물과 함께 살면서 현재까지 1백만 건 이상 다운로드된 'Hashtag Authentic'이라는 팟캐스트를 제작하여 크리에이티브 사업자를 위한 조언을 제공하고 있습니다. 나아가 그녀는 가디언, BBC 라디오, 스타일리스트 매거진 등 유명 매거진에 작품을 선보였고, 구글, 랜드로버와 같은 글로벌 브랜드와 협업하며 억대 매출 규모의 SNS 멘토링 및 온라인 강의 CEO가 되었습니다. 한 아이의 평범한 엄마였던 그녀가 인스타그램을 통해 자기 자신의 모습을 되찾고, 엄마가 아닌 자신의 삶을 살게 된 것입니다.

사라 태스커의 인스타그램에는 어떤 특별한 매력이 있을까요? 바로 그녀만의 사진 스타일, 사진 톤이 있습니다. 자연을 배경으로 하면서 집과 아이들, 그녀를 보여주는 사진이 따뜻하고 고급스러운 톤을 가지고 있습니다. 현대인이 동경하는 내추럴하면서 심플한 스타일입니다. 많은 사람들이 그런 스타일의 사진으로 자신의 인스타그램을 꾸미고 싶어 합니다. 그래서 이 인스타그램이 인기를 얻었습니다.

사라 태스커의 계정 @me_and_orla

## 팬덤으로 확장해 나가는 라이프스타일 편집숍 앙봉꼴렉터

앙봉꼴렉터Un bon collector는 프랑스어로 '좋은 수집가'를 의미하며 파리에서 순수미술과 아트 디렉션을 전공한 강신향과 강현교, 두 자매가 평소 좋아하던 여러 분야의 아티스트 가치관을 담은 물건을 소개하는 라이프스타일 편집숍입니다.

이 라이프스타일 편집숍은 다양한 유럽 작가들의 사진집과 포스터까지 국내에서 흔히 보지 못하는 아이템을 만날 수 있는 공간이고 대표상품으로는 개성 있는 디자인을 선보이는 브루클린의 스튜디오 '콜드 피크닉Cold Picnic' 매트가 있습니다. 앙봉꼴렉터는 인스타그램에서 콜드 피크닉 매트를 어떻게 두면 좋을지를 직접 보여주면서 위트있는 게시물 사진으로 제품과 자신들의 취향을 홍보합니다.

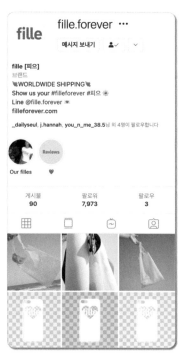

콜드 피크닉의 매트를 보여주는 게시물
@unboncollector.store

앙봉꼴렉터의 세컨드 브랜드
피으(Fille)의 계정 @fille.forever

고급스러운 취향의 숍이지만, 처음 가게를 열었을 때는 생각보다 판매 실적이 좋지 않아 고민 끝에 에코백, 휴대폰 케이스 등 대중이 쉽게 접할 수 있는 굿즈를 '윈느 본느 피으Une Bonne Fille'라는 자체 브랜드로 직접 만들었습니다. 그 브랜드를 프렌치한 무드를 좋아하는 젊은 여성들이 인스타그램 인증을 하면서 입소문이 나서 인기 아이템이 되었습니다. 덕분에 앙봉꼴렉터 숍도 많이 알려지게 되었으며 이제는 국내뿐만 아니라 해외 관광객도 많이 찾는 장소가 되었습니다[5].

Fille는 처음에는 앙봉꼴렉터 안의 작은 프로젝트였으나, 이제는 고정 팬이 생겨 하나의 브랜드 계정으로 독립했습니다. 이 두 브랜드는 광고나 특별한 홍보 없이도 인스타그램으로 매번 신규 고객을 창출하면서 비즈니스를 안정적으로 확장해나가고 있습니다.

---

5  출처: https://villiv.co.kr/people/4923

## 인스타그램은 비즈니스의 전부, 오유글라스워크

유리 공예 브랜드 오유글라스워크의 유혜연 작가는 "인스타그램은 비즈니스의 전부다."라고 했습니다.[6] 결혼, 출산, 육아로 작업을 내려놓았던 유혜연 작가가 '오유글라스워크'라는 유리 공예 브랜드를 만들고, 자신의 유리 공예 작품을 인스타그램에서 처음 선보이며 비즈니스를 만들고, 작가로 거듭나게 되었습니다. 감각적인 색채를 가진 유리 그릇이 비주얼을 중시하는 인스타그램과 잘 맞아 떨어진 것도 있습니다. 이제는 어엿한 쇼룸이 있는 브랜드로 성장했고, 인스타그램을 통해 클래스도 진행하고 있습니다.

오유글라스만의 분위기를 내는 브랜드 계정 @ouglasswork

6 출처: 인스타그램 광고의 가치, "지금은 콘텐츠를 찾아 소비하는 시대" – Byline Network

여러분도 인스타그램으로 자신의 브랜드를 멋지게 보여주고 팬을 만들고 싶지 않은가요? 그렇다면 여러분만의 미디어를 만들어보세요.

## 05 _ 왜 기획해야 할까?

인스타그램에서 브랜딩을 하려면 기획이 필요합니다. 그저 사진을 올리는 것으로는 안 됩니다.

Bruun의 계정을 보면 일관성 있게 자신의 나무 공예 제품을 같은 분위기로 보여줍니다. 콘텐츠를 보면 제품만 보이는 것이 아니라 이 제품이 가지고 있는 전체적인 무드, 공간, 스타일이 다 보입니다. 그렇게 느껴지도록 인스타그램 공간을 기획한 것입니다. 이런 연출을 위해서 사진의 배경 색감, 사진 앵글, 사진 톤을 모두 일정하게 통일했습니다.

Bruun 브랜드 계정 @bruun.uk

제주도 디저트카페 '우무'의 인스타그램 계정을 보면 모든 사진에 콘셉트가 담겨 있습니다. '우무'는 제주 해녀가 채취한 우뭇가사리를 오랜 시간 끓여 만든 수제 푸딩입니다. 사진에는 흰색 원피스를 입은 소녀 1~3명이 3가지맛 우무를 대표하며 등장합니다. 제주도의 들, 바다가 배경으로 나오고, 간간히 가게 모습도 나오고, 우무 수세 푸딩 또는 우무를 형상화한 일러스트 그림의 굿즈가 등장합니다. 이러한 일관된 콘셉트로 사진이 계속 올라오기 때문에 우무만의 분위기를 내며 브랜딩되고 있습니다.

제주 우무 계정 @jeju.umu

이러한 브랜드로 성장할 수 있는 계정이 되려면 콘셉트가 필요하고, 피드에서 콘텐츠를 어떻게 배치할지에 관한 철저한 계획이 필요합니다. 디지털 미디어를 만드는 것과 다를 바가 없습니다.

저는 예전에 미디어 회사에서 디지털 미디어를 만들 때와 같은 방식으로 인스타그램 브랜드 미디어를 기획하고 있습니다. 이 책에 제가 20년 동안 디지털 미디어 기획자로 일하면서, 또 브랜드 마케팅 컨설팅을 하면서 쌓은 기획 노하우를 그대로 담았습니다.

그럼 저와 함께 잡지같은 내 브랜드를 홍보할 수 있는 미디어를 만들어 볼까요?

제 **2** 장

브랜드 콘셉트

인스타그램에서 눈길을 끄는 브랜드는 잘 준비된 콘셉트로 이루어져 있습니다. 이것은 우연히 이루어진 것이 아닙니다. 처음부터 철저히 기획하고 잘 계산해서 자신이 목적 하는 바를 전달할 수 있어야 합니다. 명확하고 좋은 비즈니스 콘셉트로 잘 기획한 브랜드 계정을 살펴보면서 브랜드 콘셉트를 정하는 방법을 알아보겠습니다.

## 01 _ 브랜드 콘셉트 정하기

인스타그램 계정은 사람들이 많이 오는 대형 백화점의 한 매장과 같습니다. 이러한 공간을 받아서 브랜드에 맞는 인테리어를 하려고 할 때 가장 먼저 어떤 일을 할까요? 바로 공간의 '콘셉트를 잡는 것'입니다.

인스타그램 역시 같습니다. 무작정 사진만 올리고 볼 것이 아니라 이 공간을 어떻게 꾸미느냐에 따라 나의 브랜드가 개성 있어 보이고 사람들이 찾아오고 싶게 만들 수 있습니다.

### 목적과 주제 정하기

콘셉트를 정하려면 먼저 목적을 분명히 해야 합니다. 이 인스타그램을 통해서 내가 원하는 결과가 무엇인지를 곰곰이 생각해 보세요. 목적이 너무 많으면 길을 잃을 수 있습니다. 하나의 인스타그램 계정에서 너무 많은 주제를 소화하려다가 피드가 정리되지 못해 중구난방이 되면서 계정 방문자에게 전달하고자 하는 것을 하나도 전달하지 못하고 마는 괴로운 상황도 많습니다.

처음 인스타그램을 하는 초보자라면 하나의 주제에 집중하는 것을 권합니다. 그리고 그 주제는 방문자들이 찾아올 만한 특별한 가치를 지녀야 합니다. 어떤 방문자들이 오기를 바라는지 고민해 보고 팔로워로 만들 타겟 고객을 설정해 보세요. 그 타겟 고객의 고민을 해결해주는 솔루션이 있다면 그것이 고객이 스스로 찾아올 수밖에 없는 특별한 이유가 될 수 있습니다.

파리의 가장 큰 프랑스어 커뮤니티 French Words@frenchwords는 프랑스어를 홍보하고 애정을 갖게 하기 위한 목적의 계정입니다. 프랑스어를 표기하고 그 밑의 영어 뜻을 알려주는 모노톤의 피드와 컬러풀한 파리의 사진이 바둑판 그리드 디자인으로 일관성있게 기획되어 파리의 분위기를 느끼면서 프랑스어 한 문장을 익히게 했습니다. 한 가지 주제에 대해 하나의 스타일을 사용해 단순하게 통일했지만, 지루하지 않고 오히려 전달하고자 하는 콘텐츠가 더 잘 드러나서 많은 사람의 사랑을 받는 계정입니다.

한 가지 주제로 콘셉트를 잡은 계정 @frenchwords

마스터클래스@masterclass는 각 분야의 세계 최고 전문가들의 노하우를 직접 들을 수 있는 온라인 영상 교육 서비스의 홍보 채널입니다. 목적에 굉장히 충실하게 피드에서 어떤 마스터의 교육 과정이 있는지 알 수 있습니다. 피드 이미지는 각 전문가의 전문성이 드러날 수 있는 얼굴 클로즈샷 위주이지만, 각 이미지를 클릭하면 영상 강의의 한 부분을 볼 수 있게 돼 있는 일관성 있는 콘셉트로 기획되어 있습니다.

피드마다 홍보하고자 하는 마스터를 내세워 보여주는 콘셉트의 계정 @masterclass

인스타그램에서는 너무 많은 것을 복잡하게 보여주려고 하지 말고 전달하고자 하는 가장 큰 주제를 생각해보세요. 인스타그램을 운영하면서 얻고자 하는 가장 큰 목표를 생각하고 그 목표에 초점을 맞추세요. 그러면 인스타그램이 심플하게 정리되면서 무엇을 해야 할지 분명해질 것입니다.

## 차별점이 있는 매력적인 콘셉트 만들기

콘셉트는 어찌보면 사람들을 모을 수 있는 매력과도 같습니다. 그러한 콘셉트에는 다른 경쟁자들과는 다른 차별화 포인트가 있어야 합니다. 동종 분야에 수많은 비슷한 브랜드가 있지만, 나의 브랜드를 선택해야 하는 이유가 있어야 합니다. 사람들은 상품 서비스만 사는 것이 아니라 콘셉트를 함께 구매합니다.

가장 좋은 차별화 전략은 그 분야의 최초가 되는 것입니다. 동종업계나 비슷한 경쟁 브랜드가 많더라도 관점을 달리해서 나만이 최초로 차별화될 수 있는 포인트를 찾아보세요. 익숙하면서도 낯선 차별화 전략이 좋습니다.

저만 해도 기존 팔로우 수를 올려주는 비법을 공개하는 인스타그램 마케팅 강의가 많았지만, 잡지회사에서 디지털미디어전문가로 일한 경력을 살려서 인스타그램이 개인 미디어가 될 수 있도록 브랜딩 강의를 만들었습니다. 고객들이 찾아올 수밖에 없는 특별한 동기를 부여할 수 있다면 브랜드 경쟁력이 있습니다.

콘셉트가 기반이 돼서 스토리텔링이 이루어져야 하는데, 이 주제에 대해서 100가지 이상의 이야기를 할 수 있어야 합니다. 그러한 이야기를 이미 알고 있는 그 분야의 전문가이든지, 아니면 끊임없이 공부하면서 이야기할 수 있게 그 주제에 대한 애정이 강렬해야 합니다. 그래서 인스타그램 주제는 내가 좋아하는 분야로 잡는 것이 좋습니다. 그래야 계속해서 표현하고 싶고 즐겁게 임할 수 있습니다.

콘셉트를 만드는 것이 어렵고 가끔 고통스러울 수 있는데, 그 이유는 아마도 나 자신을 정확하고 객관적으로 바라보고 파악해야 하기 때문일 겁니다. 나는 어떤 사람인지, 어떤 강점이 있는지, 내 안에 남들과 다른 어떤 콘텐츠가 있는지를 알아내야 합니다. 남들이 하는 것을 똑같이 따라 하지 말고, 정말로 사람들이 원하는 것을 생각하고 그 목적에 다다르기 위해서 자신만의 관점이나 생각을 가지고 차별화된 콘셉트를 만들어보세요.

블리스@bliss는 뉴욕에서 흔하게 볼 수 있는 피부 마사지 숍이지만, 다른 숍들과는 분위기가 다릅니다. 이 브랜드의 창업자 마샤 킬고어Marcia Kilgore는 자신의 피부가 안 좋았을 때 럭셔리하고 비싸 보이는 피부숍에 들어가기를 고민했던 자신의 경험에 비추어 편안하고 행복감을 느낄 수 있는 블리스숍을 만들었습니다. 블리스숍은 우아하고 고급스러운 골드빛 색감보다 밝은 스카이블루를 중심으로 같은 채도의 오렌지, 그린, 핑크색으로 비비드하면서도 젊고 발랄한 분위기를 선사하여 다른 숍에서는 볼 수 없는 차별화된 콘셉트를 만들었습니다. 이러한 브랜드 철학을 아래 인스타그램 계정에서도 확연히 느낄 수 있습니다.

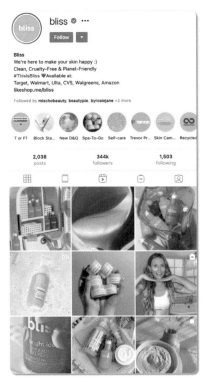

행복함(Happy)을 주겠다는 철학 아래 밝은 비비드 색감으로 독특한 콘셉트를 보여주는 브랜드 계정 @bliss

또 하나 소개할 계정은 오스트리아 네일숍 베이브타운@bebetown의 계정입니다. 흔히, 네일숍의 계정을 보면 네일 케어를 받은 손만 좌르르 나열되어서 지루하고 다른 네일숍과 크게 다른 점이 없고, 전체로 봤을 때 예쁘지 않은 프로필 페이지가 됩니다.

하지만 베이브타운은 다릅니다. 처음부터 이 장소는 네일만 하는 곳이 아니라 여자들이 행복하기 위해 찾는 장소라고 정의합니다. 베이브타운은 네일 외에도 여자들이 좋아하는 커피, 로제와인, 그리고 수다를 떠는 곳이라고 콘셉트를 정했습니다. 여성들이 네일 케어를 받으면서 수다 떠는 공간에 커피와 로제와인 서비스를 추가한 것인데, 이러한 공간이 여성들이 특별히 행복을 추구할 때 찾는 특별한 공간으로 여겨집니다.

그리고 커피와 로제와인 색감이 피드에도 적절하게 매치되면서 인스타그램 계정 또한 지루하지 않고, 네일 스타일도 고급스러운 분위기에서 표현됩니다. 차별화된 기획으로 다른 브랜드에서는 갖지 못하는 나만의 브랜드를 만든 좋은 예입니다.

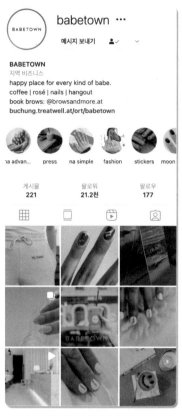

커피, 로제와인, 네일 케어를 누릴 수 있는 멀티 문화 공간의 모습을 아이보리 톤과 브라운 배경으로
깔끔하고 고급스럽게 표현한 베이브타운 계정 @babetown

콘셉트가 구체적이고 명확할수록 어떤 캐릭터로 어떤 콘텐츠를 전달할지, 그 전달을 위
한 분위기 및 디자인 콘셉트는 어떤지 순차적으로 그려집니다. 그렇기 때문에 콘셉트
는 앞으로 운영할 인스타그램의 모든 것의 기준이 됩니다. '시작이 반'이라고 하는데,
저는 인스타그램 브랜딩에서 '콘셉트가 반'이라고 말하고 싶습니다. 이미 브랜드의 콘
셉트가 정해져 있다면, 이번 기회에 브랜드의 콘셉트가 잘 설정되었는지 체크하는 것
도 좋습니다.

인스타그램에서는 공간의 분위기, 디자인, 콘텐츠에서 고객이 가치를 느낄 수 있는 다
양한 요소들이 일관되고 매력적인 콘셉트로 이루어져야 합니다. 잘 개발된 콘셉트로
이 브랜드 미디어를 경험하고 오래 머물면서 즐기게 하는 것으로 인스타그램 공간의
브랜딩을 완성해야 합니다.

매력적인 콘셉트를 만들 때 다른 브랜드와 다른 나만의 차별점이 있어야 하는 것을 잊지 마세요.

## 공감을 얻을 수 있는 좋은 브랜드 철학 갖기

마지막으로, 콘셉트가 갖춰야 할 요소는 공감을 얻는 것인데, 이를 위해서는 사람들이 '이게 자신에게 좋다'라는 생각이 들 정도의 좋은 브랜드 철학을 가지고 있어야 합니다. 요즘은 물건이 필요해서 사기보다 나를 표현하기 위해 소비합니다. 즉, 내가 사는 제품이나 브랜드는 나를 표현하는 것입니다. 자신의 생각과 동일한 철학을 추구하는 브랜드를 발견한다면 그 브랜드를 갖고자 하는 열망은 강해지고 생각이 바뀌지 않는 한 그 브랜드에 대한 충성도는 지속될 것입니다.

2017년 뉴욕에서 런칭한 패션 브랜드 어데이@aday는 '2000명 대기 상품'이라는 신드롬을 일으켰습니다. 뉴욕의 여성들이 대기 리스트에 이름을 올리면서까지 어데이를 구매하고자 한 이유는 무엇일까요?

어데이의 철학은 '옷과 삶을 단순화'하는 것입니다. 창업주는 "인생에는 살 것이 많다. 옷에 대한 지출을 줄여 삶에 필요한 다른 것에 쓰자."고 말합니다. 이를 '더 적은 옷으로 더 나은 옷장을 만든다'는 슬로건으로 소개합니다. 어데이의 인스타그램 프로필에도 역시 이 메시지가 적혀 있습니다.

합리적인 소비를 원하는 뉴욕 여성들은 어데이의 브랜드 철학에 매력을 느끼고 한 달을 기다려 어데이의 제품을 삽니다. 어데이는 소비자가 납득할 수 있는 명확한 콘셉트를 한 문장으로 표현했습니다. 이를 제품과 매장은 물론, 온라인 공간에서도 일관되게 보여줍니다. 콘텐츠 대부분이 심플한 배경, 절제된 컬러와 톤을 사용해 어데이의 콘셉트를 효과적으로 비주얼화했습니다.

어데이의 콘셉트는 인스타그램 캠페인으로도 이어집니다. 어데이의 슬로건에 공감하는 사람들은 본인의 인스타그램 게시물에 #domorewithless를 다는 캠페인입니다. 브랜드의 느낌뿐만 아니라 메시지도 전달하는 것입니다.

Do more with less 철학 아래 모던하고 심플한 콘셉트의 계정 @aday

옐로우베리@yellowberry는 아직 익지 않는 과일을 말합니다. 이는 청소년 여자아이들을 상징하며 이들에게 섹시함을 강조하기보다 건전하고 편한 언더웨어를 제공하자는 철학을 가진 브랜드입니다.

옐로우베리 창업자 메건 그라셀Megan Grassell은 사춘기가 된 여동생에게 선물할 언더웨어가 섹시함을 강조한 표범 무늬 브래지어 또는 스포츠 브래지어만 있다는 것을 알고 어린 소녀들에게 섹슈얼하지 않으면서도 스타일리시한 브래지어 옵션을 만들어 주기 위해 17세 때 새로운 언더웨어 브랜드 '옐로우베리'를 창업합니다. 옐로우베리는 어린 소녀들이 첫 속옷에서 섹시함을 강요받는 것이 아니라 꿈을 갖고 한창 성장하는 나이에 편안함을 느끼게 하고자 만든 브랜드입니다. 이러한 철학이 독립적이고 야심 있는 딸로 키우고자 하는 부모와 소녀들의 지지를 받고 좋은 브랜드로 성장하고 있습니다.

옐로우베리의 상징인 소녀들의
건강하고 자연스러운 모습을 보여주고 있는 계정 @yellowberry

오래도록 사람들에게 사랑받는 지속가능한 브랜드를 만들려면 고객에게 도움을 줄 수 있는 브랜드 철학이 있어야 합니다. 여러분의 브랜드는 사회에 기여할 수 있는 철학을 가지고 있는지, 그 철학이 많은 사람이 공감할 수 있는지를 생각해 보세요.

## 02 _ 한 문장의 브랜드 메시지 만들기

이제 브랜드 콘셉트가 준비됐나요? 제대로 준비됐는지 확인하는 방법은 '브랜드를 한 문장으로 표현할 수 있느냐'에 달렸습니다. 한 줄로 정리할 수 없다면, 아직 콘셉트가 불분명한 것입니다. 스스로 정리가 안 된 상태라면 고객 역시 이 브랜드가 어떤 브랜드인지 분명하게 인지하기가 어렵습니다. 그 한 문장이 바로 브랜드 메시지<sup>Message</sup>가 됩니다. 브랜딩 전략은 이 브랜드 메시지로 시작합니다.

소비자가 납득할 수 있는 브랜드 메시지는 다음 요소를 갖춰야 합니다.

- 소비자가 '나에게 필요한 것'이라고 느낀다.
- '브랜드가 나를 표현해 준다'고 느낀다.
- '다른 브랜드에서는 찾아볼 수 없는 것'이라고 느낀다.
- '내가 가진 문제를 해결해 준다'고 느낀다.
- '평소에 내가 생각하는 것과 같은 방향에 있다'고 느낀다.

여러분이 생각한 브랜드 메시지가 적합하다고 생각하나요? 아직 그렇지 않다고 생각 된다면 다음 항목을 작성해보세요.

브랜드 강점 찾기 예문

나의 비즈니스는 ＿＿＿＿＿＿＿＿＿＿＿＿ 함으로써 고객을 돕는다.

나의 이상적인 고객은 ＿＿＿＿＿＿＿＿＿＿ 에 의해 영감을 받는다.

나의 브랜드는 ＿＿＿＿＿＿＿＿＿＿ 분야에서 최고다.

만약 내 브랜드가 상을 탄다면 ＿＿＿＿＿＿＿＿＿ 상일 것이다.

이렇게 해서 내 브랜드의 강점을 찾아내고 그것을 중심으로 하나의 슬로건을 만듭니 다. 저자의 인스타그램 계정@digital_recipes을 예시로 작성해 보면 다음과 같습니다.

브랜드 'Digital Recipes'의 강점 찾기 예문

나의 비즈니스는 _인스타그램에서 브랜딩을 잘하는 방법을 제공_함으로써 고객을 돕는다.

나의 이상적인 고객은 _콘셉트 있는 피드를 만드는 인스타그램 계정_에 의해 영감을 받는다.

나의 브랜드는 _인스타그램 브랜딩 코칭_ 분야에서 최고다.

만약 내 브랜드가 상을 탄다면 _인스타그램 브랜딩 레시피_ 상 일 것이다.

이렇게 해서 여러 강점을 한 문장으로 모아서 '인스타그램 브랜딩 레시피를 공유합니다.'라는 브랜드 메시지를 만듭니다.

프로필에 한 문장의 브랜드 메시지로 계정을 설명하는 @digital_recipes

여러분도 강점 찾기 예문을 활용해서 브랜드의 강점을 표현해보세요. 그리고 한 문장의 브랜드 메시지를 만들어보세요.

## 03 _ 프로필 페이지 기획하기

브랜드 메시지를 정했다면, 이번에는 프로필 페이지를 기획해 보겠습니다. 계정의 목적, 콘텐츠, 브랜드 메시지가 정해져야 인스타그램 프로필 페이지를 정리할 수 있습니다. 프로필 페이지는 현대판 명함과 같습니다. 계정에 첫 방문자가 가장 먼저 눈길을 주는 곳은 팔로우 숫자가 아니라 프로필 페이지입니다.

프로필 페이지의 로고 이미지, 계정명, 브랜드 메시지로 이곳이 무엇을 하고 사람들에게 어떤 도움을 주는 곳인지 한눈에 알 수 있습니다. 사람들은 메시지와 부합된 피드의 이미지를 보고 팔로우할지 말지를 단번에 결정합니다.

그럼 본격적으로 프로필을 작성하기 전에 준비사항으로 계정을 프로페셔널 계정으로 전환해주세요.

**RECIPE** 프로페셔널 계정으로 전환하기

1. 내 프로필 오른쪽 위 [☰ 메뉴 아이콘]을 누른다.

2. [설정]을 누른다.

3. [계정]을 누른다.

4. [프로페셔널 계정으로 전환]을 누른다.

5. 내용을 살펴보면서 [계속]을 누른다.

6. 자신의 계정에 맞는 [카테고리를 선택]하고 [완료]를 누른다.

7. 비즈니스 또는 크리에이터 중에서 자신의 [계정에 맞는 유형을 선택]합니다. (두 유형이 기능상의 차이점은 없습니다.)

8. [연락처 정보를 기입]하거나, 원치 않으면 하단의 [연락처 정보 사용 안 함]을 누르고 넘어갑니다.

9. 페이스북의 페이지를 연결하고 싶으면 [새 Facebook 페이지 만들기]를 클릭하고 페이스북을 만들고, 원치 않으면 [지금 Facebook에 연결 안 함]을 누르고 넘어갑니다. 페이스북 연결은 추후에 하는 것을 추천드립니다.

**10.** 프로페셔널 계정 설정 1단계를 완료했으니 오른쪽 위의 [X] 버튼을 누르고 종료합니다.

자, 그럼 이제 프로필 페이지를 한번 작성해볼까요?

## 계정을 대표할 인스타그램 프로필 사진을 선택해서 올려주세요

만약 사업체라면 기업브랜딩을 위해서 프로필 사진에 회사 로고를 사용하면 됩니다.
퍼블리@publy.co는 회사 로고를 프로필 사진으로 사용하고 있습니다.

기업 브랜드로 브랜딩할 경우 브랜드 로고를 잘 보이게 넣어준다. @publy.co

기업가나 사진작가, 코치 등 전문가로서 퍼스널 브랜딩을 원한다면 얼굴 중심의 프로필 사진을 올려줍니다. 본인을 셀링해야 하기 때문입니다.

강의하는 모습이 잘 드러난 김미경 님의 프로필 사진 @mikyungkim_kr

## 이름 필드에 검색될 키워드를 함께 넣으세요

이름 필드에 브랜드 이름을 넣는 것도 중요하지만, 인스타그램의 검색이 적용되는 곳이므로 이름과 함께 직업이나 검색될 키워드를 같이 넣으면 유용합니다. 예를 들어, 브랜드 네임 'Digital Recipes' 외에 '인스타브랜딩'이라는 검색어를 넣으면 '인스타브랜딩'으로 검색해도 계정을 찾을 수 있습니다.

이름 필드에 브랜드명과 검색 키워드를 넣은 계정 @digital_recipes

단, 주의할 점은 이름 필드는 공백 포함 30자 내로 써야 하고, 14일 동안 2번 이상 수정할 수 없다는 점입니다.

## 브랜드 설명에 고객의 마음을 사로잡을 브랜드 메시지를 쓰세요

럭셔리 화장품 제조사의 제품을 정기 구독형으로 파는 Beaty Pie는 브랜드 메시지를 럭셔리하지 않은 가격의 럭셔리 화장품이라고 썼습니다. 이런 말을 듣고 매력을 안 느낄 고객이 있을까요? 이런 식으로 비즈니스의 강점이면서 고객에게 어필할 수 있는 한 줄의 브랜드 메시지를 만들어보세요.

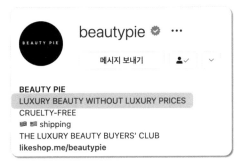

브랜드 철학을 나타내 주는 브랜드 메시지 예시 @beautypie

## 브랜드 해시태그를 나열해주세요

프로필 설명 페이지에서는 @브랜드 계정명, #해시태그가 링크될 수 있습니다. 계정과 연결해서 홍보했으면 하는 계정이나 브랜드가 미는 해시태그가 있다면 프로필 설명에 넣어주세요. 예를 들어, 뷰티브랜드 frank body@frank_bod는 브랜드 해시태그 #thefrank effect를 넣어서 이 해시태그를 넣은 게시물을 보게 하고, @meccabeauty, @ultabeauty, @target, @bootsuk 등의 판매하는 상점 계정을 소개하고 있습니다.

브랜드 해시태그 및 판매상점을 링크한 계정 @frank_bod

브랜드 피으<sup>fille</sup>는 브랜드 해시
태그 #filleforever #피으를 밀
고 있으며 구매자가 폰케이스
나 옷 착샷을 이 해시태그와
함께 공유하는 UGC<sup>user generated</sup>
<sup>content</sup> 이벤트에 활용하고 있습
니다. 이런 식으로 브랜드명이
나 브랜드 슬로건을 홍보하면

브랜드의 메인 해시태그를 프로필에서 보여주는 계정 @fille.forever

서 브랜드 고객과 연결될 수 있는 이벤트로 활용할 수 있습니다.

## 비즈니스가 실질적으로 일어날 수 있는 웹사이트 링크를 거세요

인스타그램에서는 웹사이트 주소 1개를 넣을 수 있습니다. 홈페이지나 쇼핑몰, 블로
그 등의 또 다른 SNS 링크를 넣어서 고객이 최종적으로 행동하는 곳으로 링크를 거세
요. 만약 여러 사이트를 소개하고 싶다면 linktree, likin.bio 등의 사이트를 이용하세
요. 인스타그램 본문에서는 하이퍼링크를 허용하지 않기 때문에 고객에게 소개할 사이
트는 프로필에서만 연결할 수 있습니다.

여러 개의 웹사이트를 넣기 위해 linktr.ee 링크를 사용한 계정 @inapsquare

지금까지 다양한 계정의 프로필 내용을 살펴봤습니다. 이제 여러분 브랜드의 프로필을 어떻게 작성할지 구상해보세요. 다음 화면은 실제 인스타그램의 프로필 편집 화면입니다. 내용을 기획하고 처음 계정에 방문한 사람도 이해할 수 있게 브랜드를 잘 설명하는 프로필을 만들어보세요.

인스타그램 프로필 편집 화면

제 3 장

# 스타일 가이드

인스타그램 브랜딩의 궁극적인 목표는 '즉시 알아볼 수 있는 일관된 이미지를 만드는 것'입니다. 가장 중요한 것은 일관성을 가지게 만드는 것입니다. 일관성을 적용해야 할 인스타그램의 스타일 요소는 여러 가지가 있습니다. 그것은 인스타그램 게시물에 주로 사용할 색상일 수도 있고, 사진이나 영상 콘텐츠 스타일 유형일 수도 있고, 사진에 적용할 일정한 톤이 될 수도 있습니다. 이러한 요소들이 일관된 이미지로 나올 때 나의 인스타그램 스타일이 생깁니다. 일정한 스타일을 지속하는 데는 스타일 가이드인 무드보드MoodBoard를 만드는 것이 도움이 될 수 있습니다. 그럼 브랜드 계정의 스타일을 정의한 무드보드를 한번 만들어볼까요?

## 01 _ 무드보드란

브랜드의 콘셉트와 그것을 표현할 수 있는 브랜드 메시지까지 정리되었다면, 인스타그램에 그 콘셉트를 어떻게 시각화할지 계획을 짜야 합니다. 인테리어를 할 때도 전체적인 디자인 콘셉트를 잡을 때 무드보드를 많이 만듭니다. 인스타그램도 디지털 공간이므로 공간 계획을 위해 무드보드가 필요합니다. 무드보드는 계속 계정을 유지해 나갈 때 스타일에 대한 가이드가 돼서 흔들리지 않고 일관된 이미지를 만드는 데 도움이 됩니다. 무드보드는 한 장의 보드에 콘셉트를 시각화한 요소를 배치하여 조화를 보는 것입니다. 한 장의 정리된 시각적인 기획서이고, 앞으로 지속적으로 통일감 있게 이 무드를 지켜가야 하기 때문에 흔들리지 않게 잡아주는 가이드 역할도 합니다. 즉, 무드보드는 일관성을 지키기 위해 필요한 비주얼 가이드Visual Guide입니다.

전체적인 톤앤매너를 볼 수 있는 무드보드에 포함되어야 할 것은 다음과 같습니다.

- 컬러 팔레트
- 피드의 그리드 디자인
- 비주얼 콘셉트 및 스타일 (사진, 영상, 폰트 등)
- 스토리 및 하이라이트 아이콘 디자인

구글www.google.com이나 핀터레스트www.pinterest.com에서 'instagram moodboard'로 검색해보면 다양한 이미지 샘플을 볼 수 있습니다. 이렇게 나오는 샘플 이미지를 그대로 따라하면 저작권에 위배되니 본인의 무드보드를 만드는 참고용으로만 사용해주세요.

구글에서 'instagram moodboard'를 검색한 결과

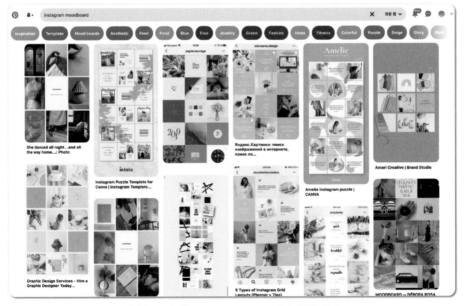

핀터레스트에서 'instagram moodboard'를 검색한 결과

무드보드를 만드는 방식은 본인에게 편한 방법을 선택하면 됩니다. 파워포인트에 만들어도 되고 포토샵이 편하다면 그것을 이용해도 상관없습니다. 원한다면, 종이에 물리적으로 그려 붙여서 만들 수도 있습니다.

인스타그램 브랜딩 정보를 전달하는 디지털 미디어 디지털 레시피즈@digital_recipes의 인스타그램용 무드보드를 임의로 만들어보면 다음과 같이 구성할 수 있을 듯합니다.

디지털 레시피즈 무드보드 구성 예시

이 무드보드를 보면 디지털 레시피즈의 인스타그램을 보지 않아도 어떤 모습으로 구성되어 있을지 알 수 있습니다.

왼쪽 부분부터 살펴보면 콘셉트는 '인스타그램 브랜딩 커뮤니티'이며, 인스타그램 브랜딩에 관해서 이야기하는 공간을 주제로 한다는 것을 알 수 있습니다. 그 밑의 포토 스타일에 있는 9개의 사진을 보면 사진의 스타일과 톤이 어떤지, 그리고 피드의 그리드는 어떤 형태인지 알 수 있습니다.

중앙 부분에는 맨 위에 프로필을 대표할 로고가 있습니다. 스토리 스타일에서는 게시물로 연결될 수 있는 스타일을 알 수 있습니다.

오른쪽 위에는 피드에서 주로 사용할 컬러 팔레트가 정의되어 있습니다. 그 아래 폰트에는 영문과 국문 폰트를 어떻게 피드에서 사용할지 보여줍니다.

자, 그럼 실제 디지털 레시피즈의 인스타그램을 한번 볼까요?

디지털 레시피즈 인스타그램

무드보드에서 예상한 인스타그램과 같은가요? 초반에 시작할 때 콘셉트를 나타낼 수 있는 배경 이미지를 깔아 분위기를 잡아주는 것도 좋은 방법입니다. 글을 쓸 때 단도직입적으로 본론부터 말하기보다는 배경을 설명해주면서 본론으로 들어가는 것이 더 설득력 있는 것과 마찬가지입니다. 그리고 메인 컬러 톤을 정해 놓으면 사진을 선택할 때 기준이 됩니다. 메인 컬러가 주로 쓰인 사진을 쓰면 전체적으로 피드가 통일성 있고 일관되게 전개되어 피드가 쌓일수록 그 자체로 인스타그램 브랜딩이 됩니다. 폰트도 가급적으로 1~2개로 지정해놓으면 브랜드 고유의 느낌을 낼 수 있습니다.

이렇게 무드보드가 있으면 인스타그램 운영자로 어떤 사람이 와도 무드보드만으로 한눈에 전체적인 느낌을 알고 인스타그램 스타일을 맞춰갈 수 있습니다. 한마디로 무드보드 자체가 운영 가이드가 될 수 있습니다. 또한, 추후 화보 및 영상 촬영 등 콘텐츠를 제작할 때 많은 사람과 협업하게 되는데, 이때 이 무드보드가 큰 콘텐츠 제작에도 길잡이가 될 수 있습니다.

여러분의 인스타그램 계정의 무드보드를 한번 구성해보세요. 내 인스타그램용 무드보드를 만든다면 어떤 요소가 필요할까요? 항목을 정리하고 어떤 스타일을 갖춰야 할지 정리해보세요. 무드보드 스타일대로 꾸준히 콘텐츠를 업데이트하면서 인스타그램 브랜딩을 시작해보세요.

## 02 _ 인스타그램 스타일 콘셉트 정하기

이제 본격적으로 무드보드를 만들어볼 텐데, 모든 기획 프로젝트의 첫 번째 단계는 정의입니다. 브랜드 미션을 뒷받침하기 위해서는 브랜드 비주얼 아이덴티티<sup>Visual identity</sup>[7]가 어떤 분위기와 스타일을 나타내야 하는지를 정의해야 합니다.

브랜드에 대해 더 많이 이해할수록 비주얼 아이덴티티를 쉽게 만들 수 있습니다. 아직 브랜드 가치를 파악하지 못했다면 브랜드와 관련된 형용사를 적어보고 잠재적인 팔로워들에게 가장 중요하다고 생각하는 가치를 적어보세요. 그게 힘들다면, 브랜드가 사람이라면 '아마 이럴 것이다'라는 것을 떠올려보고 어떤 브랜드와 어울리는지를 구체적으로 말해보세요. 이런 식으로 특별히 어떤 것과 연상된다고 느낄 때 브랜드의 성격을 더 명확하게 시각화할 수 있습니다. 여기에는 정답이나 오답이 없습니다. 브랜드의 성격을 이해하고 나면 그 브랜드를 표현하기에 어떠한 분위기나 콘셉트가 어울릴지도 선택할 수 있게 됩니다.

---

7  아이덴티티(identity)는 정체성입니다. 정체성은 변하지 않는 존재의 본질, 성질을 뜻합니다. 브랜드 비주얼 아이덴티티는 브랜드의 아이덴티티를 시각적으로 표현한 것을 말합니다.

전체적인 분위기에 대한 느낌이 오면 브랜드의 무드보드를 만들 수 있습니다. 선택한 이미지, 색상, 톤 및 폰트 유형이 인스타그램 미학Instagram aesthetic [8]을 나타내며 브랜드의 시각적 커뮤니케이션을 하는 데 도움이 됩니다. 일관된 인스타그램 미학을 가지게 되면 브랜딩이 되며 결국 브랜드를 표현하게 됩니다.

브랜드에 인스타그램 미학을 입히게 되면 더 많은 팔로워를 확보하고 계정을 성장시킬 수 있습니다. 따라서 인스타그램 미학을 만드는 것은 그 무엇보다 중요합니다. 점점 더 많은 사람이 좋아하는 브랜드를 찾기 위해 인스타그램을 방문할 것이므로 기존의 웹사이트와 마찬가지로 이제는 인스타그램 프로필 페이지의 디자인도 세심하게 신경 써서 만들어야 합니다. 방문자가 인스타그램 프로필 페이지에 왔을 때 보이는 인스타그램 피드의 모습은 브랜드의 첫인상에 해당합니다. 이 3초도 안 되는 시간에 첫인상으로 여러분의 계정을 팔로우할지 말지가 결정이 됩니다. 사람들이 여러분의 브랜드를 어떻게 느꼈으면 합니까?

사람들을 한눈에 사로잡을 수 있는 프로필을 만들려면 먼저 프로필에 어떤 스타일의 인스타그램 미학을 적용할지를 결정해야 합니다. 자신이 좋아하는 피드는 어떤 스타일이었는지를 떠올려보세요. 밝은 톤이었는지, 어떤 브랜드 색상이었는지, 또는 여백이 많거나 특정한 패턴이 있었는지 생각해보세요. 그리고 좋아하는 프로필 계정을 많이 찾아보세요. 많은 계정을 검색해 보면서 여러분의 브랜드에 적용할 만한 스타일이 어떤 것일지 영감을 받을 수 있습니다.

어떤 사진을 올릴지도 같이 생각해보세요. 실질적으로 올릴 제품을 직접 찍은 사진이 있다면 더욱 좋습니다. 그래야 현실적으로 가능한 사진이 어떤 스타일인지 알 수 있으니까요. 아직 사진 찍을 준비가 안 되었다면 앞으로 피드에 올릴 사진과 비슷한 사진을 무료 스톡 사진을 제공하는 사이트인 Unsplashwww.unsplash.com이나 Pexelswww.pexels.com에서 찾아서 다운로드 받으세요.

---

[8] 인스타그램에서 아름다움이 느껴지는 스타일

그리고 나서 9개의 사진으로 피드를 구성해보세요. 피드가 어떻게 보이면 더 잘 시각화할 수 있을지를 생각해서 색상, 그리드 패턴, 인용문 등을 혼합한 사진 9개를 다음과 같은 그리드로 배치해보세요.

콘셉트 사진 9개를 콜라주로 구성한 예시

일단 기본적인 이미지 피드를 만들고 나면, 한 걸음 물러서서 이 비주얼을 내 인스타그램의 스타일로 적용해도 좋을지, 내가 생각했던 이미지가 맞는지 생각해보세요. 그리고 어떤 단어가 떠오르는지 생각해보세요. 처음에 여러분이 브랜드 콘셉트로 생각했던 형용사들이 같이 떠오르나요? 피드의 사진들이 브랜드 콘셉트를 시각적으로 표현해줘야 합니다. 사진과 인스타그램 피드가 어떤 모습이었으면 하는 명확한 이미지가 머릿속에 있다면 앞으로 피드 구성을 쉽게 만들 수 있을 겁니다.

스타일 콘셉트도 앞서 세웠던 브랜드 목표 및 브랜드 메시지와 연관성이 있어야 합니다. 따라서 브랜드 콘셉트 및 메시지와 어울리는 형용사, 명사를 적어보고 그 분위기가 비슷한 비주얼, 영화나 사진, 그림 등을 찾아보면서 인스타그램 스타일 콘셉트를 잡아보세요.

## 03 _ 컬러 팔레트 만들기

이번에는 피드에 주로 사용할 컬러 팔레트를 생각해봅니다. 대부분 아름다운 인스타그램 계정은 자신만의 컬러 팔레트를 가지고 있습니다. 팔레트란 그림을 그리기 전에 쓸 물감을 짜놓는 판을 말합니다. 나의 인스타그램을 하나의 그림이라고 생각할 때 부분 부분 채색할 물감색을 연상하는 것입니다. 수많은 색상 중에서 나의 브랜드에 몇 가지 색을 선정하고 그 색상에 집중해서 컬러 브랜딩을 해나가면 그 색상만으로 브랜드를 상기시킬 수 있습니다. 각 피드의 색은 곧 컬러 팔레트를 구성하고, 그것이 고유의 시그니처 룩이 되면서 결국 브랜딩되기 때문입니다.

**피드의 색 = 컬러 팔레트 = 시그니처 룩 = 브랜딩**

### 컬러 팔레트 만드는 방법

컬러 팔레트를 만들려면 먼저 테마와 분위기를 정해야 합니다. 이렇게 하려면 약간의 조사를 해야 합니다. 이미지를 구성하는 데 도움이 되는 다음 몇 가지 질문을 생각해 보세요.

- 인스타그램 피드를 어디에 사용합니까? (이 계정의 목적과 목표는 무엇입니까?)
- 일반적으로 어떤 종류의 이미지를 게시합니까?
- 어떤 종류의 이미지를 게시하겠습니까?
- 한마디로 자신을 설명한다면, 현재 인스타그램 피드가 이를 대표할 수 있습니까?

다음으로, 나의 인스타그램 분위기를 형성하는 이미지 9개로 이미지 보드를 만들어보세요. 실제 인스타그램에 올릴 이미지도 좋고 다른 사이트에서 가져온 임의의 이미지도 좋습니다. 나의 인스타그램 분위기를 대표할 수 있다고 생각되는 이미지를 사용해서 이미지 보드를 만들어 보세요. 이 보드는 단순히 피드에 영감을 주는 역할을 합니다.

콘셉트 사진 9개를 콜라주로 구성한 예시

영감을 얻을 이미지 소스를 얻으려면 좋아하는 인스타그램 계정 몇 개를 확인하는 것이 좋습니다. 좋아하는 계정이 어떤 색상을 사용하는지 확인하고 피드 전체에서 이미지가 어떻게 전환되는지 기록합니다.

이렇게 만든 이미지 보드를 활용하여 컬러 팔레트를 만듭니다. 이 중에서 가장 좋아하는 색상을 찾습니다. 색상 팔레트에서 5개 정도의 색상을 사용하는 것이 좋습니다. 브랜드를 대표하는 메인 컬러 2개, 메인 컬러와 어울리면서 배경이 될 수 있는 옅은 보조 컬러 2개, 그리고 글씨 등 강조하는 것에 쓸 포인트 컬러 1개 정도를 선택해주세요. 컬러가 너무 많으면 일관성을 구현하기가 힘듭니다.

임의로 컬러를 뽑아내기 어려우면 어도비 컬러 사이트color.adobe.com/를 활용하는 것도 도움이 됩니다.

1. https://color.adobe.com에 접속합니다.

2. 무료 회원가입을 하고 로그인합니다.

3. [테마 추출] 탭을 클릭합니다.

어도비 컬러 [테마 추출] 탭

4. 만든 이미지 보드 파일을 화면에 드래그 앤드 드롭 합니다. 색상 무드로 [선명하게]가 기본으로 제시
됩니다.

어도비 컬러 [테마 추출] 탭에서 사진을 올린 후 [선명하게] 컬러 팔레트

5. 왼쪽 [색상 무드를 사용하여 추출]에서 여러 가지 무드를 선택할 수 있고, 제안한 포인트를 원하는
   자리로 움직여서 자신만의 컬러 팔레트를 구성할 수 있습니다. 마음에 드는 컬러 팔레트가 완성되면
   오른쪽의 [저장]을 누르세요. 라이브러리에서 확인할 수 있습니다.

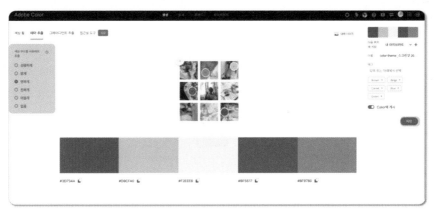

어도비 컬러 [테마 추출] 탭에서 사진을 올린 후 [연하게] 컬러 팔레트

이 방식을 통해 자신의 주요 사진이 어떤 컬러를 사용하고 있는지 5개 컬러로 구성된
컬러 팔레트를 쉽게 얻을 수 있습니다. 컬러 팔레트를 만들 때 참고해보세요.

## 컬러로 브랜딩한 계정 살펴보기

컬러 팔레트를 잘 만들어도 계정에 이를 잘 반영하지 못하면 아무런 효과가 없습니다.
컬러 팔레트는 컬러와 관련한 가이드입니다. 따라서 사진을 찍거나 올릴 때 이러한 가
이드가 반영되게 해야 합니다. 그리고 운영 중간중간에도 현재 내가 올리는 피드가 어
떤 컬러 팔레트를 갖는지 체크하는 것이 필요합니다.

감성 라이프스타일 브랜드 드파운드@depound는 피드에 많은 색상을 쓰지 않습니다. 피드
의 사진을 어도비 컬러에서 '테마 추출' 해보면 무채색과 아이보리 브라운 톤의 컬러 팔
레트가 추출됩니다. 이 컬러 팔레트 안의 색만으로 피드가 나오기 위해서는 촬영할 때
모든 배경색과 소품, 의상의 색상이 이 컬러 팔레트 색상으로 제한되어 촬영되어야 합
니다. 드파운드의 피드는 그레이 오트밀 톤이 일관되게 나타나면서 자신만의 컬러를
유지하기 때문에 컬러 브랜딩이 잘 되고 있습니다. 이렇게 색감만으로도 브랜딩이 될
수 있습니다.

그레이 및 브라운 톤의 사진이 있는
드파운드 계정 @depound

어도비 컬러에서 드파운드 피드로 테마 추출한 컬러 팔레트

뷰티브랜드 역시 색감으로 브랜딩 하는 경우가 많습니다. lilah b.[@lilahbeauty]의 인스타그램을 보면 배경은 밝은 회색 및 아이보리를 쓰면서 색조 화장품은 톤 다운된 오렌지, 브라운, 말린 장미색으로만 사진을 일관되게 구성해 이 브랜드가 지향하는 색감을 잘 알 수 있습니다.

브랜드 컬러와 일치하는 밝은
피치 컬러가 중심인 liah b 계정
@lilahbeauty

어도비 컬러에서 lilah b. 피드로 테마 추출한 컬러 팔레트

맛차브랜드 맛차차<sup>@matchacha_seoul</sup>는 당연히 맛차의 그린 색을 테마로 썼을 거라고 예상할 수 있는데요. 짙은 녹색과 더불어 회색톤과 옅은 우드톤으로 구성된 컬러 팔레트로 피드가 구성되어 단아하고 고급스러운 분위기의 피드 미학이 엿보입니다.

딥그린과 그레이 컬러가 있는
맛차차 계정
@matchacha_seoul

어도비 컬러에서 맛차차 피드로 테마 추출한 컬러 팔레트

이 세상에는 다양한 색상이 있지만, 그 중에서 몇 가지 자신의 브랜드와 어울리는 색감과 톤으로 컬러를 일관되게 구성하면 브랜드가 나타내고자 하는 색감을 잘 드러낼 수 있습니다. 그런데 자신의 제품이 워낙 다양한 색상을 가지고 있다면 사용하는 컬러의 채도를 맞춰주세요. 그래야 여러 컬러의 색감이 잘 어울려서 하나의 톤을 만들 수 있습니다.

### 컬러 팔레트 예시 #1 색상이 다양한 컬러 팔레트

슈퍼마켓 팝업그로서<sup>@popup.grocer</sup>는 식료품 패키지가 다양한 비비드 색감으로 구성되어 있지만, 색의 채도가 동일하게 밝기 때문에 전체적인 피드가 같은 콘셉트 아래 통일감 있어 보입니다. 아이보리 배경 톤에 비비드한 식료품이 눈에 잘 띄면서 밝고 생기 있는 분위기를 연출합니다.

문구점 페이퍼스미스@paper_smiths는 문구용품의 색상이 다양하지만, 같은 채도의 파스
텔톤 색상을 사용하기 때문에 그 자체가 브랜드 분위기를 나타내는 색상이 될 수 있
습니다.

비비드한 컬러 팔레트를 가진 계정
@popup.grocer

파스텔톤 팔레트를 가진 계정
@paper_smiths

### 컬러 팔레트 예시 #2  모노톤의 컬러 팔레트

모노톤도 일관되게 사용하면 자신만의 브랜드 색감으로 나타낼 수 있습니다. 패션 인
플루언서 Sophia Roe@sophiaroe는 주로 흑백사진을 배치해 자신만의 인스타그램 미학을
표현하고 있습니다. 또는 칼라 사진 중에 한 두개 피드를 흑백사진으로 배치해서 몰입
도를 주는 스타일도 최근 인기있는 스타일입니다.

스킨케어 브랜드 Aime 스킨케어@aimeskincare는 브라운톤으로 피드 색감을 구성하면서 브랜드 색상을 강조하고 사람들에게 인식시키고 있습니다.

흑백사진 콘셉트의 컬러 팔레트를 가진 계정
@sophiaroe

브라운 모노톤의 컬러 팔레트를 가진 계정
@aimeskincare

### 컬러 팔레트 예시 #3 원컬러의 컬러 팔레트

디바이스 케이스 브랜드 화이트 블럭@official_whiteblock은 브랜드 색상뿐만 아니라 제품, 패키지 및 배경에서도 화이트 색상만을 사용합니다. 브랜드의 콘셉트 자체가 화이트이기 때문에 인스타그램 프로필을 볼 때도 전체적으로 화이트 색상으로 표현하고 있습니다. 깔끔한 화이트 케이스를 원하는 사람이라면 화이트 블럭을 떠올릴 것입니다.

다이어리 브랜드 정고이너사이드@jeongo_innerside도 화이트 배경에 검정 손 글씨와 일러스트 콘셉트를 일정하게 유지함으로써 브랜드 개성을 나타내고 있습니다. 확실한 자기만의 스타일로 매니아 팬을 가지고 있습니다.

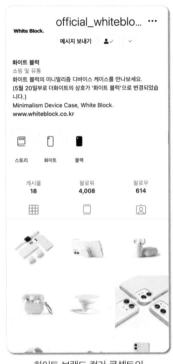

화이트 브랜드 컬러 콘셉트의
컬러 팔레트를 가진 계정
@official_whiteblock

화이트 앤 블랙과 일러스트 콘셉트의
컬러 팔레트를 가진 계정
@jeongo_innerside

멋진 인스타그램 미학을 얻기 위해 꼭 이렇게 색상을 하나로 통일할 필요까지는 없습니다. 정말 중요한 것은 그것이 밝고 하얗든, 어둡고 소박하든, 매우 화려하든 상관없이 하나의 미학을 선택한 다음 그것을 고수하는 것입니다.

**컬러 팔레트 예시 #4  자연을 활용한 컬러 팔레트**

최근에는 자연색을 테마로 한 계정의 반응이 좋습니다. 디지털화가 높아질수록 그 반대 급부로 아날로그 감성을 추구하는 트렌드가 나타나고 있습니다. LP판이 다시 인기를 얻는다든지, 디지털 카메라에서도 필름 카메라 느낌을 최대한 내는 필터를 찾는 사람들이 늘어나고 있습니다. 이러한 트렌드에 따라 스마트폰 안의 굉장히 디지털적인 공간인 인스타그램에서도 자연을 느낄 수 있는 갈색, 짙은 녹색, 베이지 색 등 심플하고 중립적인 색상을 메인으로 식물이나 바다, 산 등의 배경을 사용하는 미니멀한 계정이 인기가 많습니다.

앤마리스킨케어@annmarieskincare처럼 피드에 사진마다 제품 원료인 과일이나 식물이 항상 나오게 해서 유기농 보타닉 제품임을 피드마다 강조하거나, 피드의 몇 %는 녹색식물을 넣는다는 가이드를 세우는 것도 일종의 컬러 팔레트 전략이 될 수 있습니다.

녹색 잎과 바다 콘셉트의 계정
@annmarieskincare

푸른 해변 콘셉트의 계정
@french.creative

위 계정을 보고 팔로우할 생각이 드나요? 이 브랜드나 계정에 대해 더 알고 싶은 생각이 드나요? 내추럴하고 미니멀한 콘셉트를 좋아하는 분이라면 그렇다고 대답하는 분들이 많을 텐데, 실제로 아름다운 색상의 팔레트를 가진 인스타그램 계정이 팔로워와 참여로 이어지는 것은 부인할 수 없습니다.

컬러는 인스타그램 브랜딩 전략에 있어 중요한 부분입니다. 브랜드를 대표할 만한 색으로 하나의 그림을 그린다고 했을 때 나의 브랜드가 띠어야 할 색상을 선정해보세요. 그 색상은 로고로부터 나올 수도 있고, 타겟 고객의 반응을 이끌어낼 수 있는 색일 수도 있고, 브랜드 상품과 딱 어울리는 색일 수도 있습니다.

브랜드의 메인 색상을 중심으로 같은 톤으로 어울리는 색과 함께 컬러 팔레트를 구성해보세요. 그게 힘들다면 colorpalettes.net처럼 컬러 팔레트를 제공하는 사이트 또는 핀터레스트 www.pinterest.com에서도 'color palette'를 검색하여 예시를 볼 수 있습니다. 자신의 브랜드가 그리는 큰 그림을 연상하면서 그에 어울리는 컬러 팔레트를 마련해보세요. 그리고 컬러를 절제해서 쓸수록 브랜드의 색깔을 더 잘 드러낼 수 있다는 점도 명심하세요. 앞으로 브랜드 계정에 사진 및 문구 피드가 이 색 위주로 꾸준히 올라가야 한다는 것을 잊지 마세요.

여러분의 인스타그램에는 어떤 컬러가 있나요? 주로 사용하는 5개의 컬러를 꼽을 수 있나요? 인스타그램에서 컬러 브랜딩을 하고 싶다면 5개 색상의 컬러 팔레트를 만들어보세요. 그 컬러 팔레트 색을 중심으로 계속 업데이트 한다면 나만의 색감을 가진 인스타그램을 가질 수 있을 것입니다.

## 04 _ 그리드 디자인하기

컬러 팔레트까지 준비되었다면 이제 도화지에 그림을 그릴 차례입니다. 인스타그램의 그리드를 도화지, 게시물을 그림이라고 생각하세요. 그림을 그릴 때 보통 크게 전체 구도를 잡고 큰 덩어리 위주로 구조를 잡습니다. 앞서 컬러 팔레트를 구상할 때 하나의 그림이 될 수 있게 해야 한다고 말했는데, 피드 전체가 하나의 그림이 되기 위해서는 일관성을 유지하는 것이 중요하지만 한 걸음 물러서서 전체 그림의 구도를 살펴보는 것도 좋습니다. 구도가 균형이 잡혀 있을 때 보기가 더 좋습니다. 인스타그램도 피드를 보면 처음에 9개의 피드가 한눈에 보이는 구조입니다. 그래서 이 9개의 피드를 하나의 그림이라고 생각하고 균형 잡힌 그림의 구조를 구상해보세요.

인기 있는 계정들을 보면 이미지가 일관된 모양과 느낌을 갖고 있습니다. 이것은 시각적 일관성 또는 고객에게 적극적으로 전달하는 톤Tone을 구상하는 것입니다. 인기 있는 계정은 하나의 필터를 사용하거나 일관된 컬러 팔레트를 포함해서 이미지를 게시하는 경향이 있습니다. 단조롭지 않으면서도 응집력을 만드는 쉬운 방법은 일관된 필터를 사용하거나 공통된 컬러 팔레트로 이미지를 게시하는 것입니다. 그리고 그러한 이미지를 어떻게 배치해서 최종적으로 브랜드의 룩앤필Look & Feel을 완성할 것인가를 결정합니다.

컬러를 맞춰 전체적으로 하나의 톤으로 구성하는 이미지를 게시하는 방법도 있지만, 여백을 두거나 테두리를 넣는 방법도 있습니다. 하얀 테두리는 특히 이미지가 밝고 색채가 풍부한 경우, 콘텐츠가 인스타그램 피드에서 눈에 띄게 도와줍니다. 마치 글을 쓸 때 줄 간격을 조절함으로써 가독성을 높이는 것과 같은 효과입니다. 어떤 사용자들은 피드에 독특하고 통풍이 잘 되는 느낌을 주기 위해 흰색 테두리가 있는 사진만 올리기도 합니다.

미니멀리즘 패션브랜드 마가렛호웰©margarethowellltd은 모든 사진에 흰색 여백을 둠으로써 각 사진에 좀 더 몰입될 수 있게 했습니다. 또 다른 심플한 콘셉트의 패션브랜드 띠어리©theory__는 마가렛호웰과 비슷하게 모던함과 절제된 톤을 가진 가지고 있지만, 사진에 흰색 테두리를 사용하지 않았습니다. 두 계정을 비교해 보면 흰색 테두리가 어떤 역할을 하는지 볼 수 있습니다. 하지만 띠어리도 사진 자체에 여백이 많아서 특별히 흰색 테두리를 두지 않아도 그리 복잡해 보이지는 않습니다. 브랜드 콘셉트가 미니멀리즘인 브랜드들은 이런 흰색 테두리를 두거나 심플한 배경에 여백을 두는 경우가 많습니다.

흰색 테두리가 있는 그리드
@margarethowellltd

여백이 있는 사진 게시물
@theory__

반대로, 맥시멀리즘을 추구하는 화려한 패션 브랜드들은 여백보다는 피드를 꽉 채우는 경향이 있습니다.

여백이 없는 사진 게시물
@moschino

여백이 없는 클로즈업 사진 게시물
@miumiu

모스키노@moschino의 피드를 보면 각 피드에서 강렬한 색감과 화려한 액세서리의 디테일을 피드에 여백을 주지 않고 꽉 찬 느낌으로 보여줍니다. 미우미우@miumiu는 흰 여백이 아닌 블랙 배경으로 가득 채우면서 브랜드 색인 핑크로 포인트를 주고 있습니다. 브랜드의 콘셉트와 철학이 이런 그리드 9의 설계에도 적용되는 것을 볼 수 있습니다.

여백의 미를 규칙적으로 적용하거나 한 행 또는 지그재그 패턴으로 놓음으로써 전달하고자 하는 중요 내용을 돋보이게 정리해서 보여줄 수도 있습니다.

가방 브랜드 L/Uniform<sup>@l.uniform</sup> 계정은 첫 번째 열은 가방을 사용하는 배경이 되는 곳, 두 번째 열은 제품을 주로 사용하고 있을 때의 모습, 세 번째 열은 가방 누끼컷과 이름을 소개하는 규칙으로 되어 있습니다. 특히 세 번째 열에서 가방 단독 컷에 넘버링과 제품명을 소개하는 열이 눈에 띕니다. 이 영역은 마치 가방 제품을 보여주는 카탈로그처럼 정리되어 있고, 여러 제품이 한눈에 정리가 되어 보입니다. 제품이 굉장히 많은데, 계정을 처음 시작할 때 혹은 시즌 신제품이 나와서 소개해야 할 제품정보가 많을 때 고객이 좀 더 알기 쉽게 전달하기 위해 이러한 세로 열을 정해서 정리하는 것도 효과적입니다.

보스베이브<sup>@bossbabe.inc</sup>는 여성 리더십에 관련된 계정인데, 전달해야 할 메시지가 중요하다면 사진과 설명문 또는 인용문을 교차로 보여주면서 주목을 끄는 방법을 이용합니다. 이때 메시지 피드의 배경과 폰트도 같이 일관성 있게 제시되는 것이 전달 효과가 높습니다.

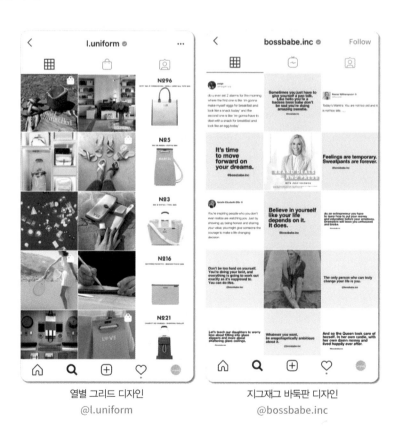

열별 그리드 디자인
@l.uniform

지그재그 바둑판 디자인
@bossbabe.inc

테두리도 간격이나 방향에 따라 다양하게 줄 수 있고, 특정 열이나 행에 규칙을 주는 방법으로 다양한 룩을 연출할 수 있습니다.

9개의 그리드를 무드보드에 배치하면서 전체 피드의 모습을 계획할 수 있습니다. 참고로 운영할 때 이 그리드 계획에 따라 업데이트하는데, 매번 계산해서 업데이트하기 힘든 경우에 위치를 자동으로 조절해주는 앱도 있습니다. Later<sup>later.com</sup>, Preview App <sup>thepreviewapp.com</sup>, UNUM <sup>www.unum.la</sup> 등의 서비스에서 무료 버전을 써본 후 필요하면 유료 버전으로 전환해서 이용하면 편리하게 배치할 수 있습니다.

다양한 브랜드의 그리드 레아아웃을 살펴보았는데요. 그리드를 어떻게 디자인하느냐에 따라 프로필 페이지의 피드 분위기가 달라지고, 그 자체로 브랜드 콘셉트까지 드러나게 만들 수 있습니다. 인스타그램 그리드를 디자인할 때는 매거진을 만든다고 생각해보세요. 9개의 피드가 한 페이지라고 생각하고 그 페이지 디자인을 어떻게 하면 내 콘텐츠가 보기 좋을지를 생각하고 만들어보세요.

# 05 _ 사진 스타일 및 톤 정하기

이제 구체적으로 어떤 사진을 어떤 톤으로 올릴 것인지 최종적으로 스타일을 결정해야 합니다. 이것이 곧 브랜드의 시그니처 룩이 됩니다. 브랜드 고유의 사진 앵글이나 구도, 톤이 있다면 그런 사진이 모여서 인스타그램의 전체 피드가 고유의 시그니처 룩이 될 수도 있습니다. 각 브랜드가 사진에서 자신만의 시그니처 룩을 어떻게 가져가는지 살펴보고 나의 브랜드는 어떤 사진 스타일이 잘 어울릴지 생각해보세요.

## 브랜드만의 사진 시그니처 룩 정하기

매거진은 각자 자신만의 사진 스타일을 가지고 있습니다 각 매거진은 자신의 아이덴티티를 브랜딩하기 위한 매체의 브랜드 가이드가 있고, 거기에 사진의 스타일이 정의되어 있습니다.

예를 들어, 킨포크라는 매거진<sup>@kinfolk</sup>은 초기에 이웃과 함께 식사를 나누는 삶에 대해서 그리고 있는데, 이때 인물은 무조건 카메라 정면을 보지 않는 것으로 찍는다는 가이드가 있었습니다. 옆에서 자연스럽게 이웃을 본다는 관점이 담긴 앵글로 사진을 찍고, 그 외 자연 사진과 함께 이웃과 음식을 담아 정겨운 식사를 하는 모습을 담는 것이 이 매거진의 철학입니다. 그리고 일정하게 톤다운된 고급스러운 톤이 킨포크 스타일이 되었습니다.

정면을 응시하지 않는 시그니처 인물 사진 스타일과 톤을 가진 @kinfolk

일본 고급 패션 매거진 Union Magazine@union_magazine은 자신의 패션화보 매거진을 소개하는 목적으로 인스타그램을 운영하며 화보 사진과 회색 배경에 매거진을 펼쳐놓은 사진을 시그니처 룩으로 사용합니다. 그리고 인물 사진에는 주로 흑백의 모노톤을, 잡지를 보여줄 때는 컬러 사진을 사용하여 잡지에서와 마찬가지로 흑백과 컬러로 이루어진 자신들만의 분위기를 인스타그램에서도 똑같이 보여주는 방식으로 피드를 구성하고 있습니다. 매거진에서의 느낌이 인스타그램에서도 일관성 있게 전달되어 브랜딩되고 있습니다.

잡지를 보여주는 시그니처 룩을 가지고 매거진 느낌을 일관성 있게 전달하는 @union_magazine

주얼리 브랜드 Stevie Jean Jewellery@steviejeanjewellery는 독특한 앵글로 고유의 시그니처 룩을 만들어서 인상적입니다. 이 브랜드의 창업주 사마라 바우나흐Samara Baunach는 인스타그램 사진을 기획할 때 높은 곳에서 내려다보는 Bird's eye view 앵글로 촬영한 사진을 테마로 정해서 구성한다고 합니다. 이렇게 해서 이전 게시물과 색상에 따라 각 이미지를 가장 적합한 순서로 배치하며, 잘 섞여 있는 이미지의 흐름이나 패턴을 유지하려고 노력한다고 합니다. 유사한 이미지 3개를 올리는데, 예를 들어 손을 찍은 사진, 사람이 평평하게 누워 있는 모습을 위에서 내려다본 이미지, 그리고 제품 광고 캠페인 이미지를 섞어서 올립니다. 그리고 색의 배합은 금색 주얼리가 부각되도록 흰색이나 밝은 색 배경으로 사진의 여백을 주어 강조하고, 인간적 요소를 넣은 라이프스타일 게시물과 제품 쇼케이스 이미지를 섞어서 효과를 내고 있습니다.

몇 가지 자신만의 앵글로 시그니처 룩을 보여주는 @steviejeanjewellery

Stevie Jean Jewellery@steviejeanjewellery 피드 사진을 보면 지속적으로 Bird's eye view 테마가 적용되어 하나의 시그니처 룩을 보여주고 있습니다. 확실히 그냥 주얼리의 착용 사진만 올린 계정과는 다르게 전체가 하나의 주제가 있는 영화처럼 스토리가 느껴질 정도로 세련된 느낌으로 주얼리를 보여주고 각 제품이 밝은 여백 속에서 하나하나 잘 부각되어 보입니다. 고도로 잘 기획된 이 앵글과 피드 구성의 디테일이 다른 계정과 차이를 만들어내며 브랜딩이 잘 되고 있습니다.

Clare V.@shopclarev는 프렌치 디자인 감성을 가지고 있지만, LA지역에서 자체 생산하는 핸드백 브랜드입니다. 브랜드 컬러는 빨강, 파랑, 노랑을 메인 컬러로 잡고, 사진은 제품 컷, 메인 모델의 스타일 컷 외에 LA 지역주민의 일반인 콘셉트 착샷을 항상 곁들여 LA를 대표하는 브랜드라는 이미지를 사진에서 나타내고 있습니다.

Lunya@lunya는 슬립웨어 브랜드인데, 늘 집을 배경으로 잠들기 전이나 잠 깬 후의 슬립웨어를 편안하게 입은 다양한 상황의 사진을 보여줍니다. 이처럼 한 가지 스타일을 특정 각도로 일관성 있게 찍는다든지, 특정 배경이나 시간대를 일관되게 보여주면서 브랜드 계정의 시그니처룩을 만들 수 있습니다. 좀 더 일관성을 보여주고 싶다면 이러한 사진에 일관된 필터를 적용하면 됩니다.

LA를 대표하는 브랜드라는 이미지를
사진에 담은 @shopclarev

특정 배경을 일관되게 보여주는
@lunya

Koskela@koskela는 가구 및 라이프스타일 브랜드인데, 다양한 상품이 매장 실내외에 다양하게 전시되어 있습니다. 하나의 톤을 정해서 제품 사진을 올리니 어떤 피드도 크게 튀지 않으면서 Koskela의 분위기를 유지합니다. 사진의 어떤 필터를 브랜드 고유의 색감으로 지정한 후, 사진을 그 필터로만 후 보정하면 이렇게 통일된 색감으로 운영할 수 있습니다. 여러 명이 사진을 찍어서 모바일로 올려야 하는 상황이라면 특정 카메라앱의 필터를 지정해서 모두 동일하게 그 필터로만 찍는 것도 방법입니다. 이렇게 고유의 필터를 정해놓으면, 영상을 찍을 때도 그 톤으로 영상 편집을 할 수 있고, 그런 톤의 다른 콘텐츠를 보더라도 사람들이 '아 그 브랜드의 느낌이다'라고 느낄 수도 있습니다.

하나의 톤을 정해서 제품 사진을 올리는
@koskela_

오프라인 매장의 조명 느낌을 그대로 살린
@chaegbar

책바@chaegbar는 말 그대로 책을 보며 술을 마시는 바입니다. 사진이 실제 바에서 촬영한 사진이고, 조명이 마치 책바에 있는 듯한 비슷한 느낌입니다. 이렇게 오프라인 매장의 느낌을 그대로 살려주는 콘셉트의 사진 스타일을 보여주는 것도 온오프라인이 일관된 이미지를 제공하기 때문에 좋은 브랜딩 전략이라고 볼 수 있습니다.

여러분의 인스타그램 계정이 브랜드 미디어가 되기를 원한다면 사진에 어떤 시그니처 룩을 담을지 구상해보세요. 제품을 찍을 때 어떤 앵글로 찍을지, 배경은 어떤 스타일로 할 것이며, 사람이 등장한다면 어떤 구도로 등장할지 스타일을 정해놓고 일관되게 적용한다면 자신만의 스타일을 갖춘 브랜드가 될 것입니다.

## 인생 사진 톤 찾기

다양한 사진이 하나의 그림처럼 일관성을 가지려면 톤을 하나로 통일해줘야 합니다. 이 톤도 브랜드를 나타낼 수 있고, 브랜딩의 중요한 요소입니다. 잡지를 보면 각자 자신만의 사진 톤을 가지고 있는 경우가 많습니다. 그 사진 톤이 그 잡지를 상징하는 것입니다. 인스타그램을 브랜딩하고 싶다면 자신만의 일관된 톤을 설정해야 합니다.

사진 전문가가 아니라면 모든 사진을 일정한 톤으로 보정하기가 쉽지 않습니다. 하지만 사진 편집 앱의 필터를 활용하면 아주 간단하게 모든 사진의 톤을 통일할 수 있습니다. 자신의 사진 톤과 필터를 적용했을 때 나오는 톤 중에서 자신의 인스타그램 시그니처 톤이 될 수 있는 필터를 한 개를 선택하세요.

좋아하는 사진 편집 응용 프로그램 내에서 필터를 찾고 차갑거나 따뜻한 색조의 필터를 선택하세요. 이것이 거의 모든 이미지를 편집하는 데 사용할 필터가 됩니다(또는 피드에 약간의 다양성을 부여하기 위해 유사한 두 개의 필터를 사용할 수 있습니다).

인스타그램 앱에도 기본적으로 필터가 있습니다. 인스타그램은 초창기부터 필터를 적용해서 사진을 예쁘게 올리도록 하는 앱이었습니다. 현재 20여 개의 필터가 탑재되어 있는데, 이 중에서 내 피드를 나타낼 톤으로 적합한 필터가 있다면 모든 사진을 그 필터로 통일되게 올려도 좋습니다.

사실, 인스타그램을 위한 사진 편집 앱은 너무 많습니다. 앱스토어에서 사진 편집을 검색하면 셀 수 없이 나옵니다. 그중에서도 많은 인플루언서가 이용하는 대표적인 사진 편집 앱을 몇 가지 소개합니다.

인스타그램 앱은 20여 개의 필터를 제공

**인스타그램 사진 편집 앱 #1  아날로그 필름같은 VSCO**

수많은 사진 편집 앱 중에서 VSCO는 가장 널리 사용되는 앱입니다. 하지만 이 앱이 인기를 끄는 데는 이유가 있습니다. VSCO에서는 색감이 고급스럽게 나오는 필터를 많이 제공하기 때문입니다. 매우 인기 있는 아날로그 필름처럼 나오는 프리셋부터 Kodak에서 영감을 받은 프리셋까지 멋진 VSCO 프리셋이 있습니다. 또한 사용자가 사전 설정을 완벽하게 제어할 수 있어 편집에서 뛰어난 수준으로 보정할 수 있습니다. VSCO 편집 도구는 간단하고 사용하기 쉬우며 강력한 소셜 콘텐츠를 만들기 위한 좋은 만능 패키지입니다.

프렌치 감성 브랜드 드파운드의 창립자인 인스타그램 계정 조돌월드@jodol_world는 VSCO 필터 및 편집 도구를 이용해 모든 인스타그램 게시물에 그녀의 라이프스타일이 잘 드러나도록 일관성 있게 사용하고 있습니다.

VSCO의 일정한 필터를 사용한
통일된 톤을 보여주는 인스타그램 피드
@jodol_world

VSCO를 활용한 다양한 사진
@vsco

조돌월드는 "제가 자주 사용하는 필터는 VSCO의 A4 필터입니다. 푸른 기가 있으면서도 전체적으로 베이직 톤을 잡아주기 때문입니다."라고 자신의 유튜브 채널 조돌월드 JodolWorld의 '인스타그램 사진 보정하는 법, 보정 어플 추천' 영상에서 알려줍니다.

VSCO에는 선택할 수 있는 다양한 필터가 있는데, 일반적으로 가장 좋아할 만한 쿨 톤 및 웜 톤 필터를 소개합니다.

### VSCO

- **따뜻한 톤 필터** | A3, A4, A6, A10, C2, C6, C7, E4

- **쿨톤 필터** | H5, H6, HB1, HB2, P4, SE3

- **가격**: 10 개의 기본 사전 설정과 함께 무료로 사용할 수 있으며, 모든 사전 설정을 잠금 해제하려면 연간 27,000원을 내야 합니다.

- **사용 가능 운영체제**: iOS 및 Android.

**인스타그램 사진 편집 앱 #2  크리에이터가 만든 밝고 화사한 톤의 컬러 스토리**

A color Story@acolorstory 앱은 뷰티풀 매스@abeautifulmess라는 디지털 미디어 채널을 운영하는 엘시 라슨@elsielarson과 엠마 채프먼emmaredvelvet이라는 두 크리에이터가 만든 인스타그램용 사진 편집 앱입니다.

밝고 화사한 톤의 컬러스토리
@acolorstory

컬러스토리의 창업자가 운영하는
@abeautifulmess

A color Story는 500개 이상의 아름다운 필터를 가지고 있어서 미학적으로 만족스러운 편집을 할 수 있는 앱입니다. 대부분 앱 필터가 영향력 있는 인플루언서 및 콘텐츠 제작자와 협력하여 만들어지기 때문에 실제로 밝고 화려한 색감을 선호하는 크리에이터들에게 인기인 것이 가장 큰 강점입니다. 영국의 인스타그램 인플루언서 사라 태스커[@me_and_orla]도 편집앱으로 컬러스토리를 추천했습니다. 컬러 보정 필터 외에 아날로그 느낌을 내는 먼지[dust]나 빛의 효과를 내는 프리즘 등의 다양한 효과[effect]도 있습니다. 여기서 인생 필터를 찾는다면 그걸로 정해서 쭉 쓰는 것도 좋습니다.

### A color story

- **가격**: 제한된 수의 필터로 무료로 다운로드 할 수 있습니다. 모든 필터와 기능을 잠금 해제하는 데 연간 37,000원이 들고, 필터 팩은 각각 몇 달러에 별도로 구입할 수 있습니다.

- **사용 가능 운영체제**: iOS 및 Android.

## 인스타그램 사진 편집 앱 #3 PC용 편집 프로그램 포토스케이프 엑스

모바일보다 PC에서 편집하는 게 더 수월하다면 포토스케이프 엑스[PhotoScape X] 프로그램을 추천합니다. 사진 크기 편집 외에 필름 느낌에서 여러 필터를 적용할 수 있습니다. 베이직 버전만 써도 다양한 필터를 사용할 수 있고 사용법도 간단하고 편리해서 저도 간단한 이미지 작업에 자주 활용합니다.

PhotoScape X의 사진 편집 프로그램은 필름 느낌의 다양한 필터를 제공한다.

**포토스케이프 X**

- **가격**: 베이직 버전은 무료로 사용 가능하고, 프로 버전은 광고 삭제 및 70개 이상의 필터 효과를 49,000원에 구매할 수 있습니다.

- **사용 가능**: Window 10, Mac(http://x.photoscape.org/에서 무료 다운로드)

지 원@tiamo_doha 계정과 le petit atelier@place._j 계정을 보면 각각 자신만의 필터를 사진에 일정하게 적용해서 올려 자신만의 브랜드 톤을 가지고 있습니다. 여러 가지 사진이 쪼개진 퍼즐처럼 보여도 톤이 통일되어 있어 한 장의 큰 사진처럼 느껴질 정도로 일관성이 있습니다.

이런 계정을 방문하면 사진 자체가 아름다워 보일 뿐만 아니라, 이 계정 분위기와 스타일을 이 브랜드 고유의 느낌으로 인지하게 되며, 분위기가 마음에 든다면 팔로잉 할 확률이 높습니다.

자신만의 필터를 사진에 일정하게 적용한
@tiamo_doha

자신만의 피드 톤을 가지고 있는
@place._j

여러분도 어떤 톤으로 피드에서 분위기를 내고 싶다면 나만의 사진 톤을 나타내줄 인생 필터를 찾으십시오. 앞에서 소개한 앱에서 찾아도 좋고, 기존에 쓰는 다른 앱에서 찾아도 좋습니다. 인스타그램에 사진을 지속적으로 올릴 것이기 때문에 자신이 사용하기에 편한 방법을 고려해서 찾아보세요.

일관성 있는 피드를 성공적으로 실행하려면 인스타그램 피드를 계획하는 것이 중요합니다. 나만의 컬러 톤을 찾는 데 시간이 걸릴 수 있지만, 계정의 브랜딩을 위해서 시그니처 스타일과 톤을 가지는 것은 굉장히 중요하니 이 부분을 꼭 찾고 꾸준히 적용해보세요. 내가 원하는 나만의 계정 분위기가 나타날 것입니다.

## 06 _ 폰트 및 문구 배치 스타일 정하기

이미지에 텍스트를 넣은 콘텐츠가 필요할 수도 있습니다. 이때 텍스트는 이미지로 표현되는 브랜드 보이스Brand Voice로 표현될 수 있습니다. 일정한 폰트를 이 브랜드 보이스로 브랜딩할 수 있습니다. 따라서 폰트가 브랜드를 대표할 수 있으니 나의 브랜드 특성에 맞는 폰트를 신중하게 선택해서 나만의 스타일로 사용해야 합니다.

### 브랜드 폰트 결정하기

폰트를 선택하는 것은 매우 간단해 보일 수 있지만, 폰트에도 특성과 분위기가 있기 때문에 이것이 브랜드의 콘셉트와 잘 맞는지를 체크하는 것이 중요합니다.

예를 들어, 문자의 끝이 확장되어 있는 세리프 폰트Serif font는 전통, 존경, 분별력을 나타냅니다. 한글 폰트에서는 명조체가 이에 해당합니다. 이 폰트는 출판, 금융, 보험 및 법률 분야에서 널리 사용됩니다. 대부분 고객이 이 폰트를 진지한 산업과 연관시키기 때문에 로고에서 안정감과 성숙함을 전달하려는 브랜드에 좋은 선택입니다.[9]

크리에이티브 라운지 코사이어티@cociety_는 인스타그램 피드 콘텐츠에 세리프 글꼴을 사용합니다. 크리에이터들을 위한 작업 공간을 제공하는 코사이어티는 영문 폰트로는

---

9 출처: https://www.designlog.org/2512754?category=146614 [디자인로그(DESIGN LOG)]

세리프가 변형된 폰트를 이용했고, 한글은 성숙함을 주는 명조체 2가지를 정해서 일관되게 사용하고 있습니다. 피드에도 폰트가 너무 많지 않아 비주얼을 흩뜨리지 않으며 일관된 폰트로 통일감을 주고 있습니다.

세리프 폰트 스타일의 게시물 @cociety_

반면에 산세리프 폰트<sup>San serif font</sup>는 세리프가 없는 폰트로 현대성, 객관성, 혁신을 상징합니다. 한글 폰트에는 고딕체가 이에 해당합니다. 깨끗하고 세련된 폰트로 미니멀리즘에 집착하는 기술 회사들이 오랫동안 사랑해 온 산세리프 폰트는 최근 패션과 미디어에서도 인기를 얻고 있습니다. [10]

나의 내일을 위한 지식 플랫폼 폴인<sup>@folin_story</sup>은 새로운 디지털 미디어 채널답게 산세리프 글꼴을 선택했습니다.

지식 콘텐츠를 제공하는 폴인은 제목은 고딕체로, 본문 내용은 명조체로 전달하는 가이드를 가지고 일관되게 피드를 업데이트하고 있어 폴인만의 스타일을 볼 수 있습니다. 많은 텍스트가 있음에도 브랜드 미학을 잃지 않고 깔끔하고 정돈된 피드를 볼 수 있습니다.

---

10 출처: https://www.designlog.org/2512754?category=146614 [디자인로그(DESIGN LOG)]

산세리프 폰트 스타일 게시물. 지식플랫폼 폴인(folin.co) @folin_story

이렇게 폰트의 속성과 자신의 브랜드 콘셉트를 일치시키는 것은 브랜딩에 있어서 중요한 요소입니다. 자신의 브랜드에 맞는 폰트를 가지면 콘텐츠에 차별점을 가지면서 브랜드를 올바르게 표현할 수 있는 좋은 방법이 될 수 있지만, 반대로 브랜드 콘셉트와 맞지 않는 폰트를 쓰게 되면 오히려 더 많은 해를 끼칠 수 있습니다.

나의 브랜드에 맞춘 올바른 폰트를 선택하기 위한 4가지 가이드는 다음과 같습니다.

- **브랜드 미학에 대한 적합성**: 가장 기본적인 폰트조차도 함축적인 의미가 있으므로 항상 브랜드와 미학에 가장 적합한 것이 무엇인지 생각하고 폰트를 신중하게 선택하세요. 예를 들어 미니멀한 폰트는 현대적인 분위기를 나타낼 수 있고 기울어진 이탤릭체는 로맨틱하거나 여성스러운 것으로 표현할 수 있습니다.

- **절제미**: 폰트의 종류를 적게 사용하십시오. 너무 많이 사용하면 지저분해 보일 수 있고, 보는 사람이 집중이 안 될 수 있습니다.

- **가독성 고려**: 일부 사용자 지정 폰트는 읽기가 정말 어렵습니다. PC와 모바일에서 공유하는 모든 텍스트를 쉽게 읽을 수 있는지 확인하세요.

- **일관성 유지**: 브랜드에 맞는 효과적인 사용자 지정 폰트를 찾으면 그대로 유지하십시오. 일관성을 유지하면 브랜딩을 강화할 수 있고 팔로워와 친밀감을 쌓을 수 있습니다.

## 문구 배치 스타일 정하기

폰트를 정했으면 이 폰트를 어떤 식으로 배치할지 스타일을 정해야 합니다. 이 배치 스타일로 피드의 시그니처 룩이 마련될 수 있습니다.

클로이 앤 폴@chloeandpaul.kr 브랜딩 에이전시 계정에서 텍스트는 옅은 회색이나 아이보리 배경에 중앙에 검정색 폰트로 제시됩니다. 텍스트 피드와 사진 피드가 적절하게 배치되어 폰트가 주변 여백으로 더 강조되어 보입니다. 심플하면서도 세련된 인스타그램 미학으로 브랜딩 에이전시다운 스타일을 보여주고 있습니다.

French Words@frenchwords도 동일한 배경색에 텍스트를 중앙에 배치하되, 프랑스어는 진한 회색의 세리프체로, 그 아래 영어 해석은 연한 회색의 산세리프체로 일관되게 제시합니다. 글과 사진을 바둑판 모양으로 일관되게 제시하는 이 스타일은 French Words만의 시그니처 룩을 형성하고 있습니다.

텍스트피드와 사진피드가 적절하게 배치
@chloeandpaul.kr

텍스트피드와 사진피드가 격자무늬로
일관되게 배치 @frechwords

브랜드 디자이너 CONSCIOUS BRANDING & DESIGN@studiokynd은 이미지를 폰트와 함께 배치하여 좀 더 크리에이티브하게 인용문을 장식합니다. 디자인한 제품 패키지 사진과 디자인에 관한 생각을 표현한 글을 감각적으로 배치하여 자신의 디자인 스타일을 보여줍니다.

사회 이슈를 그래픽 슬라이드쇼로 보여주는 콘셉트를 가진 so you want to talk about... @soyouwanttottalkabout 계정은 사진 없이 연한 파스텔 배경에 토론하고자 하는 사회 이슈 제목을 중앙에 배치하여 제시합니다. 세리프 폰트와 산세리프 폰트를 혼합해서 써도 배치 방식에 통일감이 있어 지루하지 않으면서 주목하게 만듭니다. 사진 없이 그래픽 슬라이드쇼로도 멋진 피드를 만들어내고 있습니다.

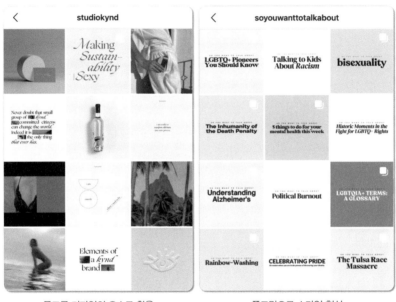

폰트를 디자인의 요소로 활용
@studiokynd

폰트만으로 스타일 형성
@soyouwanttottalkabout

문구를 넣는 것도 디자인의 한 요소이고, 특정 폰트를 일관성 있게 배치하면 나만의 시그니처 룩을 만들 수 있다는 것을 아셨죠? 내 브랜드를 표현할 수 있는 폰트를 정의하고, 9개의 피드를 구성할 때 어떤 패턴으로 문구가 들어가면 좋을지 구상해보세요.

인스타그램 스토리는, 자신이 보낸 사진이나 영상 파일이 설정한 시간(10초 이내)에 사라지게 하는 스냅챗Snapchat[11]이 미국 10대에게 인기를 끌자 거기에서 영향을 받아 만들어진 기능입니다. 자료가 남지 않기 때문에 즉흥적인 콘텐츠를 부담 없이 주고받을 수 있는 것이 스냅챗의 매력입니다. 하지만 인스타그램은 이 기능을 차용할 때 인스타그램만의 미학을 포기하지 않으면서 24시간 동안 실시간으로 즐길 수 있는 콘텐츠 방식으로 도입했습니다. 쉽고 빠르게 올릴 수 있으면서도 디스플레이 화면을 꽉 차게 이용하면서 시원스럽게 보는 맛을 제공합니다. 스토리는 인스타그램에서 성공적으로 안착하여 이제 피드 게시물보다 즉각적인 콘텐츠를 알릴 때 더 즐겨 쓰는 방식이 되었습니다. 이렇게 스토리는 인스타그램에서 활용해야 할 필수 콘텐츠 유형이 되었습니다. 스토리를 어떻게 활용하면 좋을지 여러 브랜드 사례를 살펴보면서 기획해 보세요.

## 인스타그램 스토리 기획하기

인스타그램 스토리Story는 세로 방향의 전체 화면 캔버스를 사용한 콘텐츠이며, 가장 큰 특징은 스토리에 올린 콘텐츠는 24시간 이후에 사라진다는 것입니다. 스토리 콘텐츠는 24시간 후에 사라지기 때문에 24시간 안에 생성된 최신 콘텐츠만 담기며, 늘 새로운 콘텐츠를 만날 수 있습니다.

꽉 찬 화면에서 방해 요소 없이 사진, 영상 등을 제공하기 때문에 몰입감이 높고 시선을 더 집중하게 만들 수 있습니다. 이러한 이유로 사람들은 스토리를 통해서 많은 영감을 받으며, 인스타그램 설문자 58%는 스토리에서 브랜드나 제품을 본 후 해당 브랜드나 제품에 더 관심을 가지게 되었다고 말했습니다. [12]

브랜드나 제품에 대해서 적극적으로 홍보하려면 스토리를 최대한 활용하는 것이 좋습니다. 스토리를 잘 활용하고 있는 브랜드를 몇 개 살펴보겠습니다.

---

**11** 사진과 동영상 공유에 특화된 모바일 메신저. 특히, 동영상이나 사진을 타인에게 전송할 때 '10초' 등으로 시간을 제한하면 그 시간 안에 수신인의 스마트폰에서 영상이 사라진다. 영상이 저장되지 않고 사라지기 때문에 개인 정보를 보호할 수 있는 매체로 10대와 20대의 관심을 모으고 있습니다.

**12** 출처: https://business.instagram.com/a/stories/overview

테이블웨어 편집 숍 크렘므오브제@creme.objet는 잘 세팅된 테이블웨어를 여러 소품과 함께 5장의 컷으로 보여주면서 숍을 홍보하는 스토리를 게재했습니다. 5장의 사진이 자연스럽게 이어져 마치 잘 만들어진 홍보 CF 영상을 보는 듯합니다.

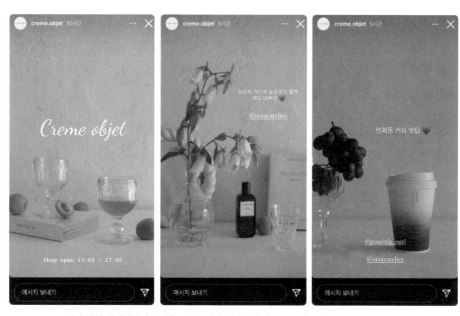

여러 장의 테이블웨어 사진을 자연스럽게 이어지게 만든 스토리 콘텐츠 @creme.objet

소품과 함께 예쁘게 찍은 사진을 스토리에 올리고 흰색 글씨로 숍을 홍보하는 문구를 적절히 넣었습니다. 관련 제품의 계정이 있다면 계정 링크를 걸어 더 자세한 정보를 제공할 수 있습니다.

감각적인 테이블웨어의 모습을 보여주면서 관련된 제품을 그대로 갖고 싶게끔 하는 스토리 콘텐츠입니다.

친환경 비건 뷰티브랜드 베이지크@beigic_official는 착한 성분뿐만 아니라 간결한 패키지 디자인으로 감성을 자극하는 한국 스킨케어 브랜드입니다. 인스타그램의 콘텐츠는 외국 잡지를 보는 듯한 깔끔한 화보형 사진들로 구성하여 베이지크만의 브랜드 감성을 표현하고 있습니다. 스토리도 브랜드 철학인 소박한 여유를 즐기는 일상을 담은 사진과 더불어 팔로워들의 반응을 묻는 설문조사, 질문 스티커를 적재적소에 배치하여 소통하고 있습니다.

설문조사, 질문 스티커를 사진에 보기 좋게 배치한 스토리 콘텐츠 @*beigic_official*

베이지크는 신생 브랜드이지만, 감각적인 스토리 콘텐츠를 지속적으로 제공하여 심미적 즐거움을 즐기는 오디언스로부터 주목을 받으며 성장하고 있습니다. 스토리는 브랜드가 직접 멋진 광고 콘텐츠를 만들어서 팔로워를 유치할 수 있는 툴이 됩니다.

스토리에는 다른 사람의 콘텐츠를 공유할 수 있는 기능이 있습니다. 스토리 하단에 종이비행기 아이콘▼을 누르면 자신의 스토리에 이 콘텐츠를 게시할 수 있습니다. 피드 게시물에도 역시 동일한 아이콘의 공유 기능이 있습니다. 이 공유 기능을 사용해서 내 브랜드 추종자들과 소통할 수 있습니다. 크렘므오브제@creme.objet는 자신의 숍을 예쁘게 찍어서 올려준 고객의 스토리 콘텐츠를 공유해서 고객 및 팔로워들과 소통을 하고 있습니다.

그림 유튜버 이연@leeyeonstein은 자신의 영상을 보고 따라 그림을 그린 팔로워의 게시물을 공유하며 격려해 주지만, 이로써 자신의 영상물도 한 번 더 홍보할 수 있고, 팬들과 공감하며 소통합니다.

덴마크 제품 편집 숍인 에디션덴마크@editiondenmark도 제품을 잘 소개해주는 고객의 스토리 콘텐츠를 공유하면서 감사의 표시와 더불어 얼마나 많은 고객이 제품을 어떻게 잘 사용하는지를 더 많은 고객과 공유합니다.

| 고객의 스토리 콘텐츠를 공유해서 소통하는 @creme.objet | 팔로워의 게시물을 공유하며 격려하는 @leeyeonstein | 고객의 스토리 콘텐츠를 공유해서 소통하는 @editiondenmark |

스토리에 공유한 콘텐츠는 클릭하면 원본 게시물로 이동할 수 있기 때문에 저작권에 문제가 없고, 오히려 이렇게 공유함으로써 스토리에서 또 하나의 문화를 만들어가며 같은 관심사를 가진 사람들이 연결될 수 있는 커뮤니티를 만드는 데 일조할 수 있습니다.

따라서 어떤 콘텐츠를 어떻게 묶어 편집해서 공유할 것인가를 기획하는 것도 필요합니다. 피드에 올린 게시물도 스토리에 공유할 수 있는데, 다음 페이지의 에디션덴마크@editiondenmark 왼쪽 스토리 형식처럼 첫 줄의 내용이 제목처럼 보이는 피드 게시물 형태로 게시할 수도 있고, 오른쪽 스토리 형식처럼 사진 이미지로 의미를 전달하고 싶을 때는 테두리를 없애고 스토리 콘텐츠와 자연스럽게 어울리게 하면서 공유할 수도 있습니다.

에디션덴마크 스토리의 2가지 공유 스타일 @editiondenmark

**RECIPE** 일반 스토리를 만드는 법

1. 자신의 계정에서 [+] 만들기 버튼을 클릭한 후 [스토리]를 선택합니다. 또는 홈에서 화면의 아무 지점을 터치해서 오른쪽으로 스와이프합니다.

계정에서 [스토리] 만들기 선택          홈에서 오른쪽으로 화면 스와이프

2. 화면 하단의 사진 찍는 버튼을 눌러 사진을 촬영하거나 길게 눌러 동영상을 녹화합니다. 사진을 올리고 싶다면 화면을 위로 스와이프하세요. 선택한 사진이나 동영상의 크기는 두 손가락으로 조절할 수 있습니다.

스토리에서 카메라 녹화 버튼 밑부분을 위쪽으로 스와이프해서 앨범의 사진 목록을 불러옴

3. 상단의 아이콘 중 하나를 눌러 브랜드 태그, 텍스트, 스티커, 음악을 추가하거나 더보기의 효과와 그리기 메뉴에 들어가서 효과를 적용하거나 그림을 추가합니다.

사진을 선택하면 상단의 아이콘의 추가 기능을 이용할 수 있음

그리기 적용 및 해시태그 스티커 추가

**4.** 추가한 해시태그 등
의 스티커를 삭제하
려면 화면 하단으로
끌어서 휴지통에 넣
으세요. 그리기 효과
를 삭제하려면 [취소]
를 누르고 완성되면
[완료]를 누르세요.

해시태그를 휴지통에 넣는 모습

그리기 화면 상단의 [취소]와 [완료] 버튼

**5.** 완성된 스토리를 보
내려면 오른쪽 하단
→ 버튼을 눌러서 내
스토리에 공유하세요.

오른쪽 하단 보내기 화살표 버튼

스토리 공유 또는 다른 계정의 DM 보내기

인스타그램 스토리에서 기본으로 제공하는 기능을 이용해서도 멋진 콘텐츠를 만들 수 있지만, 더 특별한 스토리 디자인을 원한다면 스토리 디자인 템플릿을 제공하는 앱을 이용할 수 있습니다. 브랜드에 맞게 빠르게 디자인할 수 있는 인스타그램 스토리 템플릿 앱이 많이 있습니다. 템플릿 앱은 디자이너가 만들었기 때문에 어떤 폰트, 색상 및 레이아웃이 잘 어울리는지 알지 못하는 경우 디자인을 탐색하기에 좋습니다.

인스타그램 스토리를 쉽게 디자인할 수 있도록 템플릿을 제공하는 3가지 앱을 소개합니다.

### 인스타그램 스토리 템플릿 앱 #1 Unfold

세련되고 전문적인 모양의 인스타그램 스토리 템플릿을 찾고 있다면 Unfold 앱이 새로운 가장 친한 친구가 될 수 있습니다.

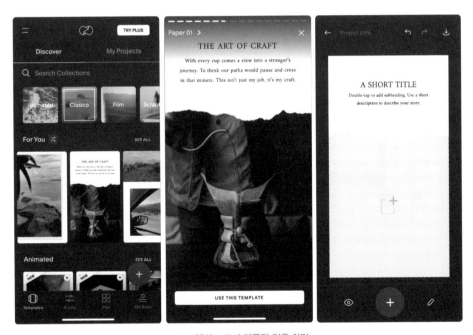

unfold앱의 스토리 템플릿 적용 화면

이 앱에는 거의 모든 미학에 적합한 다양한 템플릿 디자인이 있으며 선택할 수 있는 20가지 폰트 옵션이 있습니다.

- iOS 및 Android에서 무료 다운로드 가능

### 인스타그램 스토리 템플릿 앱 #2 Over

Over는 아름다운 인스타그램 스토리 디자인을 제작할 수있는 강력한 앱이며 선택할 수 있는 창의적인 템플릿도 다양합니다.

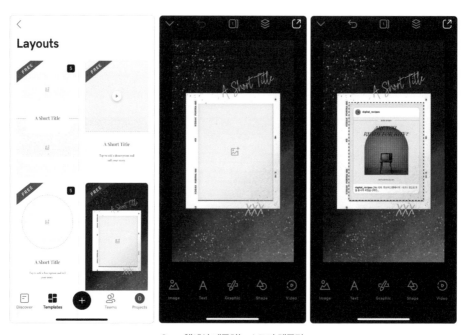

Over 앱에서 제공하는 스토리 템플릿

브랜드 콘셉트에 맞는 인스타그램 스토리 템플릿을 찾으면 색상, 이미지, 텍스트 및 폰트를 쉽게 변경할 수 있습니다. Over 앱에는 브랜드 폰트를 업로드하여 스토리를 제작할 수 있는 기능이 있어 브랜드 맞춤 디자인을 할 수 있습니다.

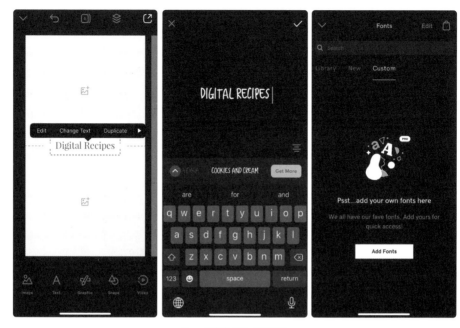

Over 앱에서 폰트 적용하기

- iOS 및 Android에서 무료 다운로드 가능

- 가격: 유료 템플릿을 이용할 경우, 월 13,000원 또는 연 85,000원

### 인스타그램 스토리 템플릿 앱 #3 Mojo

Mojo에는 수백 가지 애니메이션 인스타그램 스토리 템플릿이 있으며, 원하는 것을 정확하게 찾을 수 있습니다.

Mojo 앱에서 제공하는 디자인 템플릿

각 Mojo 템플릿은 완전히 커스터마이즈 해서 트리밍, 자르기, 효과, 제목, 애니메이션 추가, 속도, 색상 변경 등을 할 수 있습니다. 또한 Mojo에 사용자 정의 폰트를 추가할 수 있습니다. 따라서 브랜드 콘셉트에 맞게 인스타그램 스토리의 모든 크리에이티브 자산을 한 곳에서 관리할 수 있습니다.

- iOS및 Android에서 무료 다운로드 가능

지금까지 기본적인 스토리 기능으로 만든 스토리 콘텐츠와 앱에서 제공하는 디자인 템플릿을 이용한 스토리 디자인을 살펴봤습니다. 스토리의 내용을 구체적으로 어떻게 기획할지는 콘텐츠 가이드 만들기 챕터에서 살펴볼 것입니다. 지금은 내 브랜드 목적에 맞게 나의 스토리에 어떤 스타일 유형이 적합할지 스타일 템플릿을 먼저 구상해 보기 바랍니다.

## 하이라이트 커버 만들기

하이라이트는 24 시간 후에 사라지는 스토리의 콘텐츠를 저장해 프로필에 영구적으로 표시할 수 있습니다. 그렇기 때문에 팔로워가 언제든지 탭하고 볼 수 있는 큐레이팅 된 스토리 모음집과 같습니다.

또한, 하이라이트는 인스타그램 프로필 정중앙의 눈에 띄는 곳에 위치하기 때문에 팔로워를 가장 중요한 콘텐츠로 안내할 수 있으며, 이 하이라이트 커버로 브랜드의 첫인상을 만들 수도 있습니다.

브랜드의 아이덴티티를 잘 표현한 하이라이트 커버는 인스타그램 프로필의 인스타그램 미학을 한 단계 끌어 올릴 수 있는 좋은 방법입니다.

라이프스타일 플랫폼 보마켓@bomarket은 하이라이트 커버를 로고와 함께 관련된 공간을 색상으로 이미지화하여 만들었습니다. 블랙은 보마켓 남산을, 민트는 보마켓 경리단, 그린은 보마켓 서울, 코랄은 존쿡델리미트와 함께하는 보마켓 서울숲을 상징합니다. 하이라이트 커버로 4가지 지점의 공간성을 표현할 수 있습니다.

브랜드 색상을 활용한 하이라이트
@bomarket

피크닉 미술관<sup>@piknic.kr</sup>은 하이라이트 커버의 디자인을 로고의 폰트와 색상을 그대로 써서 다양한 콘텐츠 메뉴가 통일감있으면서 피크닉의 브랜드 아이덴티티를 더 분명히 보여주고 있습니다.

로고 폰트와 색상을 그대로 나타낸 @piknic.kr

와인 숍 조수와<sup>@josoowa</sup>는 주요 콘텐츠의 사진을 그대로 가져와서 하이라이트 커버를 만들고 있습니다. 커버에 어떤 콘텐츠인지 알 수 있는 설명이 들어간다면 더 많은 클릭을 유도할 수 있어 콘텐츠에 대한 조회 수를 높일 수 있습니다.

비건 뷰티브랜드 허스텔러<sup>@herstellerbeauty</sup>도 각 스킨케어 제품 라인별 대표 이미지를 하이라이트 커버로 사용합니다. 이 하이라이트를 둘러보면 라인별 주요 제품이 무엇인지 금방 파악할 수 있습니다.

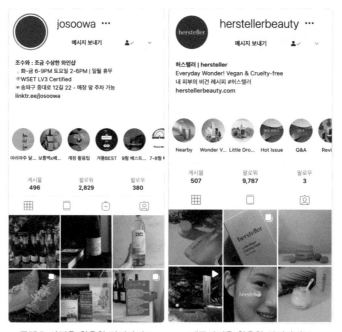

콘텐츠 사진을 활용한 하이라이트
@josoowa

제품사진을 활용한 하이라이트
@herstellerbeauty

하이라이트 커버만으로도 시각적 아름다움을 줄 수 있습니다. 오르에르 아카이브<sup>@orer.</sup><sub>archive</sub>는 그릇 오브제 모양이 부분적으로 드러나고 일관된 스타일의 조형미로 하이라이트를 보여주면서 자신만의 분위기를 시각적으로 표현합니다.

이렇게 좋은 하이라이트 커버를 사용하면 계정 방문자가 하이라이트를 보고 얻을 수 있는 내용을 최대한 쉽게 이해할 수 있습니다. 오롤리데이<sup>@ohlollyday.official</sup>의 하이라이트는 프로필 사진에 있는 캐릭터와 같은 톤의 일러스트레이션을 사용하는 일관성을 보이면서 계정을 브랜딩합니다.

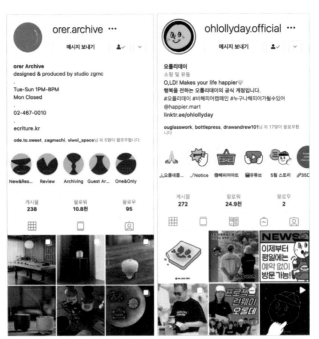

브랜드 이미지를 활용한 하이라이트
@orer.archive

브랜드 일러스트레이션을 활용한
@ohlollyday.official

이렇듯 일관되고 브랜드의 미학을 살린 하이라이트 커버를 디자인해서 브랜딩을 강조할 수 있습니다. 이런 하이라이트 커버를 만드는 방법을 알아볼까요?

**RECIPE** 커버 이미지를 직접 제작하는 법

먼저 디자인 이미지를 직접 제작하는 방식입니다. 하이라이트 커버 사이즈는 1080×1920픽셀로, 세로 이미지를 준비하면 됩니다.

1. 하이라이트를 만들려면 스토리에 올라간 콘텐츠가 필요합니다. 스토리에 콘텐츠를 올려주세요.

2. 하이라이트 커버 이미지가 필요합니다. 1080×1920픽셀의 사진이나 이미지를 준비해주세요. 커버 안에 글씨나 아이콘을 넣으려면 중앙에 배치해주세요.

3. 프로필의 스토리 하이라이트에서 [새로 만들기]를 눌러
주세요. 하이라이트를 처음 만든다면 [스토리 하이라이
트]를 누르고 [+] 새로만들기를 눌러주세요.

4. 하이라이트로 고정시킬 스토리를 선택한 후 다음을 눌
러주세요.

**5.** 커버 수정을 눌러주세요.

**6.** 사진 앨범 이미지 버튼을 눌러서 앨범에 있는 원하는 커버 사진을 선택하고 [완료]를 눌러주세요.

7.  하이라이트명을 넣고, 상단에서 [추가]를 눌러주세요.

8.  이제 프로필에 하이라이트가 추가된 것을 확인할 수 있습니다.

9. 수정을 원하면 커버를 눌러서 오른쪽 하단의 [더보기]에서 [하이라이트에서 삭제] 또는 [하이라이트 수정]을 통해서 변경할 수 있습니다.

**RECIPE** 디자인 서비스 활용하는 법

하이라이트 커버를 어떻게 디자인할지 잘 모르겠다면, 구글www.google.com이나 핀터레스트www.pinterest.com에서 'instagram highlight cover'로 이미지를 검색하면 많은 템플릿을 참고할 수 있습니다.

직접 포토샵을 이용해서 디자인하기 어렵다면 캔바www.canva.com라는 템플릿을 제공해주는 서비스를 이용하는 것도 좋습니다.

캔바Canva 애플리케이션도 있으므로 스마트폰에서 작업하는 것도 문제가 없습니다.

1. 먼저 Canva 앱을 다운로드 받거나, www.canva.com 웹사이트에 접속합니다.

2. 회원가입을 하고 로그인을 합니다.

3. [소셜 미디어]에서 Instagram 스토리 하이라이트 커버 메뉴를 선택합니다.

4. 다양한 템플릿 중 나의 브랜드에 맞는 유형을 선택합
   니다.

**5.** 텍스트를 선택해서 나의 메뉴로 텍스트를 변경합니다. 커버의 색상도 클릭해서 변경할 수 있습니다.

**6.** 텍스트를 변경하고 나서 오른쪽 상단의 다운로드 아이 콘⬇을 클릭하여 이미지를 다운로드 받습니다.

어떤가요? 하이라이트 커버를 준비하는 것도 알고 보면 그다지 어렵지 않습니다. 나만의 브랜드 분위기를 나타낼 하이라이트 커버 스타일을 정해보세요.

지금까지 인스타그램의 스타일 가이드가 되어줄 무드보드를 만드는 데 필요한 요소를 살펴보았습니다. 브랜드 목적과 콘셉트에 맞는 컬러, 그리드 디자인, 사진 스타일 및 톤, 폰트, 스토리 및 하이라이트 커버 스타일을 한 장의 무드보드에 담아보세요.

무드보드를 실질적으로 만드는 것은 6장에서 할 예정이니 지금은 많은 자료를 찾아보고 영감을 얻으며 나의 브랜드에 어울릴 자료를 모으면서 자신의 스타일을 정해보세요.

# 콘텐츠 가이드

앞서 무드보드를 완성했다면, 어떤 스타일로 계정을 운영할지는 결정된 것입니다. 이제는 그 안에 어떤 콘텐츠를 담을지를 고민해야 합니다. 인스타그램은 사진이나 비주얼 요소가 중요하지만, 더불어 어떤 공통 관심사의 커뮤니티를 모이게 만드는지가 중요하기에 어떤 주제의 콘텐츠를 올릴지 또한 중요합니다. 이 장에서는 나만의 콘텐츠를 어떻게 구성할지 살펴보겠습니다.

## 01 _ 콘텐츠 카테고리/주제 기획하기

어떤 콘텐츠를 올려야 할지 모르겠다고 하는 분들에게 가장 자주 드리는 조언은 '잡지를 만든다고 생각하고 콘텐츠를 구성해주세요.'입니다. 어떤 주제에 대해서 남다른 콘텐츠가 담긴 잡지를 만드는 편집장이 되었다고 생각하고 독자들이 좋아할 만한 콘텐츠를 구성해보세요. 인스타그램은 잡지를 디지털 미디어로 옮겼을 때의 모습과 흡사합니다.

잡지처럼 콘텐츠 기획하기 © True Agency, Unsplash

눈길을 끄는 시각적 요소와 읽을 기사를 적절히 배치하고 그 안에 광고도 자연스럽고 아름답게 들어가 있으면 보는 이들에게 즐거움을 주는 정보성 콘텐츠가 될 수 있습니다. 여러분의 인스타그램은 어떤 잡지인가요? 주제가 무엇이든 간에 관련 주제에 관심 있는 독자들이 계속해서 보고 싶어 하는 잡지를 만든다는 생각으로 콘텐츠를 기획해보세요.

## 콘텐츠 카테고리 정하기

콘텐츠를 기획할 때 어떤 주제를 다룰지 큰 카테고리를 정하고, 세부 콘텐츠는 어떤 유형으로 풀어낼지를 기획해야 합니다. 큰 카테고리를 정할 때 내가 말하고 싶은 이야기도 있지만, 방문자 및 잠재 팔로워들이 좋아할 만한 콘텐츠도 같이 고려해서 정해야 합니다.

참고로 인스타그램에서 유저들이 어떤 콘텐츠를 원하는지 조사한 바에 따르면, 인스타그래머들이 원하는 정보는 '재미있거나 흥미로운', '유용한', '개인적으로 관련성 높은', '생생하거나 진정성 있는', '창의적인' 것 등으로 나타났습니다. 즉, 흔히 생각하는 무조건 멋있고 힙하며 패셔너블한 콘텐츠만이 사랑받는 것은 아니라는 의미입니다. 사용자 본인과 연관이 있거나 그냥 재미있는 콘텐츠가 더 큰 사랑을 받습니다. 인스타그램 컨슈머 리서치 담당자는 비하인드신, 제품 리뷰 등 다양한 콘텐츠를 활용할 것을 권합니다. [13]

이제 다음의 콘텐츠 카테고리 예시를 참고해서 어떤 주제의 콘텐츠를 어떤 방식으로 다룰지 생각해보세요.

- **브랜드 관련 콘텐츠**: 제품 소식 및 리뷰, 직원 이야기, 비하인드 스토리 콘텐츠 등
- **유용한 정보**: 브랜드 및 산업에 관련된 유용한 전문 정보, 업계 기사
- **재미있는 엔터테인먼트**: 유머, 영감을 주는 인용구, 재미있는 짧은 동영상, 휴일 축하 등
- **진정성 콘텐츠**: 라이프스타일, 오늘 있었던 일, 생각, 철학 등

자아성장 프로그램을 제공하는 밑미@nicetomeetme.kr의 계정을 보면 서비스하는 카운슬링 프로그램, 리추얼, 뉴스레터 서비스의 홍보 콘텐츠 사이사이에 리추얼 서비스를 이용한 사람들의 실제 후기를 비디오 또는 인용문 형식으로 보여주는 콘텐츠, MBTI 관련 정보, 일러스트로 설명하는 콘텐츠 등 다양한 콘텐츠를 보여줍니다.

---

**13** 출처: 인스타그램 광고의 가치, "지금은 콘텐츠를 찾아 소비하는 시대" - Byline Network

밑미의 프로필 페이지 @nicetomeetme.kr

브랜드 계정의 목표가 제품 홍보와 판매라고 할지라도 제품만 계속 보여주는 것보다는
다양한 콘텐츠와 볼거리를 같이 제공하는 미디어가 되어야 팔로워를 더 모을 수 있습
니다. 또한 자신이 말하고 싶은 콘텐츠도 있지만, 팔로워들이 보고 싶어 하는 콘텐츠를
생각해서 다양하게 제공하는 것이 필요합니다. 추가로 브랜드만의 특별한 콘텐츠가 있
다면 다른 계정이 따라할 수 없는 독보적인 계정이 될 수 있어 좋습니다. 주의해야 할
점은 너무 홍보만 하려고 해서는 안 된다는 것입니다. 물론 제품을 홍보해야 하지만,
게시물의 80-90%가 홍보로 이루어져 있다면 광고 전단지와 다를 바가 없습니다. 그럴
경우 사람들이 거부감을 가질 수 있으므로 편안하게 계정에 방문할 수 있게 다른 콘텐
츠 가치를 더해야 합니다. 계정을 방문한 사람이 재미 있게 볼 수 있는 잡지를 만들어
주세요. 고객들의 관심사, 경험에 대해서 말하는 콘텐츠를 60% 정도 게시하고, 브랜드
및 제품 홍보 콘텐츠를 40% 정도로 올리는 것을 추천합니다.

한 가지 주제의 콘텐츠도 다양한 방식으로 인스타그램에서 표현할 수 있습니다. 각 주제를 다음 콘텐츠 유형과 적절히 결합하면 좀 더 다양하고 남들과 다른 방식의 브랜드 고유의 콘텐츠를 만들 수 있습니다.

### 인스타그램에서 활용할 수 있는 콘텐츠 방식

- 사용자 제작 콘텐츠(User Generated Content), 공모전

- **이벤트**: 이벤트 응모, 캠페인 및 챌린지 참여

- **비디오 콘텐츠**: 피드 비디오, 릴스(30초 이내), 라이브 비디오

- **시리즈/큐레이션 콘텐츠**: 스토리 콘텐츠, 슬라이드 콘텐츠, 시리즈 비디오, 가이드 콘텐츠

- **상호작용 콘텐츠**: 질문, 설문, 사용자 피드백을 받을 수 있는 스토리

- **콜라보 콘텐츠**: 인플루언서, 타 브랜드와의 콜라보 콘텐츠

고객과 소통하면서 고유의 콘텐츠를 잘 만들어낸 예로 책바@chaegbar의 엔딩 뮤직과 빌보드 차트를 소개하고 싶습니다. 책바에서는 마감시간이 되면 손님에게 끝날 시간을 알리는 것이 미안해서 마감송을 추천받고 그 음악을 소개하면서 바를 정리합니다. 손님들은 마감송을 추천하면서 끝날 시간임을 자연스럽게 알고 신청한 곡을 들으면서 가게를 떠납니다. 그런데 이 신청곡 리스트에 굉장히 수준 높은 곡이 많아서 매달 인스타그램에서 Ending Music이라는 콘텐츠로 소개하고 있습니다. 책바에서 어떤 마감송이 있었는지 궁금하거나 책바에 가지 않아도 술을 마시며 책을 읽을 때 그 음악 리스트를 들어보고 싶은 사람이라면 책바의 인스타그램을 팔로우하고 방문할 것입니다.

그리고 빌보드차트는 주제에 따라 쓴 글을 포스트잇에 써서 책바 한 켠의 보드에 공모하고, 그중 좋은 글을 선정해서 인스타그램에 발표한 후 글쓴이가 책바에 오면 one free drink(무료 음료 하나)를 주는 일종의 이벤트입니다. 이 콘텐츠를 보고 나도 책바에 가면 한 번 응모해 봐야지 하는 마음이 생겼다면 매장 유도 콘텐츠로 굉장히 세련된 콘텐츠가 아닐까요? 책바 계정이 그저 책과 술 이미지만 홍보하는 콘텐츠로 구성되어 있다면 그렇게 매력적이지 않을 것입니다. 그리고 책바 자체도 가고 싶은 매력적인 바로 느껴지지 않을지도 모릅니다. 하지만 책바는 독자에게도 공감을 얻고 자신만의 독특한 콘텐츠로 온오프라인이 이어지는 멋진 마케팅을 실천하고 있습니다.

책바의 마감송 콘텐츠 @chaegbar　　책바의 빌보드차트 발표 콘텐츠 @chaegbar

브랜드가 사람이라고 생각하면, 외모나 스타일은 세련됐는데 너무 지루하게 똑같은 말만 하는 사람은 매력이 없습니다. 콘텐츠는 브랜드의 보이스를 부여하는 작업입니다. 어떤 흥미로운 주제의 콘텐츠로 팔로워들과 소통하면 좋을지 큰 주제의 콘텐츠 카테고리를 몇 가지 설정해보세요.

## 세부 콘텐츠 기획하기

콘텐츠의 큰 주제/카테고리가 나왔다면 이제 그에 맞는 세부 플랜이 필요합니다. 각 카테고리에 맞는 세부 주제가 나와야 각각의 콘텐츠가 어떤 방향을 가지고 어떤 톤앤매너로 내용을 전달할지를 결정할 수 있고, 그에 따라 콘텐츠를 어떤 주기로 업데이트 하고 매일 어떤 모습을 보여줄지에 관한 콘텐츠 가이드를 만들어야 합니다. 이 가이드는 운영자가 운영 계획을 짜는 데도 도움이 되지만, 고객 입장에서도 주기적으로 자신이 원하는 콘텐츠가 올라온다면 이 계정이 어떤 콘텐츠를 제공하는 곳인지 알 수 있고, 콘텐츠를 받아보기 위해 팔로우할 가능성이 높아집니다.

콘텐츠 가이드는 다음과 같은 항목을 갖추어 정리합니다.

- 카테고리
- 주제
- 사진 톤앤매너
- 해시태그 가이드
- 업로드 주기
- 업로드 시간

예를 들어, 디지털 레시피@digital_recipes 계정에 '디지털 레시피'와 '인스타그램 레시피'라는 주제의 콘텐츠가 있는데, 이에 대한 세부 콘텐츠 가이드를 작성해보면 다음과 같습니다.

| 카테고리 | 주제 | 사진 | 텍스트 | 해시태그 | 주기 | 업데이트 시간 |
|---|---|---|---|---|---|---|
| 디지털 레시피 | 흰색 프레임을 만들어주는 instasize | 2개의 모바일폰 Instasize 앱 화면 | 흰색 프레임을 만드는 방법 소개 | #디지털레시피 #instasize #흰색테두리 #인스타그램디자인 | 주1회 월요일 | 9.30 PM |
| 인스타그램 레시피 | 알고리즘 랭킹 올리는 법 | 타이포그래피가 가미된 레시피북 사진 | 알고리즘 랭킹 올리는 7가지 레시피 | #디지털레시피 #인스타그램레시피 #알고리즘랭킹 | 주1회 금요일 | 6.00 AM |

@digital_recipes 세부 콘텐츠 기획서 예시

이러한 기획서를 바탕으로 콘텐츠를 제작해서 업로드한 콘텐츠는 다음과 같습니다.

디지털 레시피 게시물          인스타그램 레시피 게시물

이렇게 어떤 톤앤매너로 콘텐츠를 제작하겠다는 가이드를 마련해놓으면 일관성 있게 콘텐츠를 업데이트하는 데 도움이 됩니다. 브랜드에서 많은 콘텐츠를 제작해서 올릴 경우, 구체적으로 콘텐츠 기획안을 마련하고 그에 따라 제작한 콘텐츠를 월 캘린더에 언제 업데이트할지를 기록해놓으면 월별로 어떤 콘텐츠가 올라가는지 잘 알 수 있습니다. 콘텐츠를 올리고 나서 조회 수나 좋아요 반응을 보면서 그 콘텐츠에 최적의 업데이트 시간을 알아내 조정해서 올려야 합니다.

인스타그램은 디지털 미디어이기 때문에 콘텐츠를 매일 최소 1개 이상 올리는 것이 좋고, 일정하게 지속해서 업데이트하는 것이 좋습니다. 고객도 자신이 좋아하는 특정 콘텐츠가 어느 시점에 업데이트된다는 것을 알면 지속해서 해당 계정을 찾아오게 되기 때문입니다.

콘텐츠가 균형 있게 구성되고 업데이트되기 위해서는 이런 세부 기획서를 작성해야 합니다. 일주일 치 플래너만 작성해봐도 한 주 동안 어떤 콘텐츠가 어떤 빈도로 올라가는지 파악할 수 있으니 한번 작성해보세요.

## 02 _ 캡션 가이드 기획하기

캡션<sup>Caption</sup>은 책이나 잡지에서 사진 아래에 사진에 대해 설명하는 글을 말합니다. 캡션은 길지 않지 않습니다. 초반에 인스타그램은 사진과 세 줄 이내의 짧은 캡션 글을 올리는 유형이었습니다. 사진으로 주로 소통하고 사진으로 설명하기 어려운 부분을 캡션이 보충하는 정도였습니다. 하지만 최근에는 인스타그램에서도 긴 캡션을 쓰는 경우가 많고, 방문자가 긴 콘텐츠를 읽음으로써 체류시간이 길어지면서 좋은 콘텐츠로 알고리즘 평가를 받을 수 있기 때문에 이 캡션을 몰입감 있게 잘 쓰는 것이 굉장히 중요해졌습니다.

### 피드 게시물의 캡션 쓰는 법

캡션이 중요한 이유는 피드에서 항상 가장 먼저 나오는 것은 사진과 동영상이지만, 게시물을 계속 보거나 그만 보게 만드는 것은 캡션인 경우가 종종 있기 때문입니다. 브랜드를 홍보하거나 제품을 판매하기 위해서 고객을 설득하고자 한다면 이 캡션에 스토리텔링을 가미해야 합니다. 때로는 스토리텔링을 위해서 비디오 콘텐츠가 필요할 수도 있습니다.

그리고 좋아요나 댓글 등의 반응도 캡션을 쓰느냐 안 쓰느냐에 따라 차이가 납니다. 셀럽이 아닌 평범한 사람이 자신의 콘텐츠에 반응을 얻기 위해서는 더 자세한 설명을 넣는 것이 필요합니다.

인스타그램에서 댓글, 공유 및 저장은 그 어느 때보다 중요해졌습니다. 참여도를 높이는 가장 좋은 방법 중 하나는 방문자가 저장 버튼을 탭 하도록 유도하는 콘텐츠를 더 많이 만드는 것입니다. '저장 가능한 콘텐츠'는 방문자가 나중에 다시 방문하고 싶다는 정보이기 때문입니다.

최상의 결과를 얻기 위한 두 가지 주요 유형의 캡션은 전환 유도 캡션과 대화 중심 캡션입니다. 전환 유도 캡션은 지정된 다음 단계로 전환 또는 이동하게끔 정보와 가치를 알려주면서 행동을 유도해 잠재고객이 제품을 구매하도록 합니다. 대화 중심 캡션은 방문자의 감정을 불러일으키는 스토리텔링을 활용하여 사용자가 말하는 내용과 관련이 있다면 답장하거나 공유하게 유도합니다.

전환 유도 캡션과 대화 중심 캡션의 비율은 상황에 따라 다릅니다. 하나의 유형을 사용할 수 있지만, 두 유형을 혼합하는 것이 더 좋습니다. 한 가지 유형의 캡션을 만드는 것이 더 쉽다면 해당 유형의 형식을 만들어서 사용하세요.

캡션 미리보기는 약 1.5줄이므로 캡션의 첫 부분은 사람들이 '더 읽기' 버튼을 클릭하도록 유도하는 강력한 헤드라인으로 시작하는 것이 좋습니다.

심리 상담 서비스인 마음See@maumsee_gong는 첫 문장에서 주의를 환기하는 질문으로 시작해서 대화 중심 캡션을 씁니다. 그리고 마지막에 이 프로그램을 자세히 알아보기 위해서는 프로필 링크를 클릭해달라는 전환 유도 캡션을 사용합니다. 글이 길어도 단락 간격을 적절히 사용하고 이모티콘을 사용하면 보는 이의 관심을 끌고 글을 끝까지 읽게 할 수 있습니다.

마음 See의 게시물 @maumsee_gong

캡션을 시작, 중간, 끝으로 구성된 마이크로 블로그처럼 취급하세요. 적절한 공백을 사용해 읽기 쉽게 만들어 빠르게 가치를 제공합니다. 이야기를 하고 있다면 사람들이 끝까지 읽을 수 있게 어떤 이야기를 할지 먼저 간결하게 공유하세요.

일상용품을 소개하는 지 원@tiamo_doha 님의 캡션은 시작, 중간, 끝의 일정한 형식이 있습니다. 도입부에서 '제품 제공'을 밝히고, 이 제품이 생활 속에서 왜 필요한지 배경을 설명합니다. 그리고 제품의 장점을 소개하면서 가족 및 삶에 대한 이야기를 하면서 공감과 진정성을 담고 있습니다. 그리고 마지막에 제품 구매를 위한 계정 링크를 제공합니다.

지 원의 제품 설명 게시물 @tiamo_doha

캡션에서 가장 중요한 부분은 끝 부분입니다. 클릭 유도 문안은 읽는 사람이 다음 단계를 밟도록 유도합니다. 댓글로 답장하기를 원한다면 아래에 댓글을 달라고 말하거나 어떻게 생각하는지 의견을 알려달라고 말합니다. 공유하기를 원하면 "이것을 확인해야 하는 친구를 태그하세요."라고 써주세요.

또, 프로필의 링크를 클릭하게 하려면 무엇을 확인해야 하는지와 자세한 수행 방법을 안내해줘야 합니다. "제 프로필 링크를 클릭하여 웹 사이트로 이동한 후 어떠한 정보를 확인하시기 바랍니다."라든가 "제 프로필의 링크를 클릭하여 제품을 특별하게 만드는 OOO을 살펴보시기 바랍니다."라는 식의 화법을 쓰는 것이 좋습니다. 캡션은 팔로워가 게시물의 맥락을 더 잘 파악하고 교감할 수 있는 좋은 방법입니다.

다음은 캡션을 작성할 때 적용할 수 있는 몇 가지 간단한 팁입니다.

- 강력한 헤드라인 문장으로 시작
- 문법과 철자 확인
- 개성이 엿보이는 구어체 사용
- 공감을 이끌 수 있는 진정성 있는 스토리텔링
- 이야기 전달에 도움이 되는 단락 간격 및 이모티콘 사용
- 충분한 참여를 확보하기 위해 매일보다는 매주 2~3개 양질의 콘텐츠를 게시
- 게시물이 발견될 확률을 높이는 해시태그 사용

위의 팁을 참고해서 내 계정의 캡션은 시작, 중간, 끝을 어떤 방식으로 구성하면 좋을지 구상해보세요.

## 해시태그 쓰는 법

해시태그는 수많은 콘텐츠 중에서 내 콘텐츠를 검색으로 찾을 수 있게 이름표를 달아주는 것입니다. 해시태그는 잠재고객을 확보하고 도달 범위를 확대하는 데 도움이 될 수 있습니다. 캡션이나 댓글에 최대 30개의 해시태그를 넣을 수 있습니다. 도달 범위를 최대로 하고 싶다면 모두 사용하세요. 단, 관련이 없거나 검색이 잘 되지 않는 태그를

사용하면 도달 범위만 줄어들 뿐이니 해시태그를 낭비하지 말고 인기 게시물에 검색되는 것을 목표로 적절하게 선택해서 사용하세요.

해시태그를 잘 쓰는 방법은 다음과 같습니다.

먼저, 적절한 해시태그를 가장 빠르고 쉽게 만드는 방법은 경쟁업체가 사용하는 해시태그를 확인하는 것입니다. 특히, 팔로워가 더 많은 경쟁 계정이 좋습니다. 물론, 경쟁업체와 똑같은 세트를 사용하는 것은 아닙니다. 왜냐하면 여러분 브랜드가 가진 차별화된 특성이 있으니, 나의 계정을 찾는 고객에게 적절한 해시태그가 있는지 찾아보고 해당되는 것만 저장하세요.

그리고 해시태그를 조사할 때 해당 해시태그의 최고 인기 게시물을 살펴봅니다. 예를 들어, 검색 페이지에서 '#인스타그램마케팅'으로 검색한 후 제일 첫 페이지에 등장하는 인기 게시물의 해시태그를 살펴보세요. 인기 게시물의 상위에 포스팅된 게시물에는 팔로우 수나 반응률의 알고리즘 점수도 포함되어 있지만, 많은 사람이 그 게시물에 도달하게 만든 해시태그도 있습니다. 그러니 그 좋은 해시태그 리스트 중에서 나의 브랜드와 관련된 것이 있다면 참고하세요.

또한, 동의어 사전을 참고하세요. 더 많은 해시태그를 찾으려면 동의어 및 관련 단어를 참고해야 합니다. 모든 사람이 같은 단어로 검색하지는 않습니다. 가령, 인스타그램마케팅으로 검색하는 사람도 있고, 인스타마케팅, 소셜미디어마케팅, 소셜미디어 홍보 등으로 검색하는 사람도 있기 때문에 다양한 해시태그를 확보해야 합니다.

해시태그를 만들 때 참고할 수 있는 사이트가 있습니다. 국내 사이트 중에는 미디언스 해시태그 랩tag.mediance.co.kr이 있습니다. 회원가입 없이 무료로 사용할 수 있는데, 한글 해시태그만 1일 5회 사용할 수 있는 제한이 있습니다.

미디언스 해시태그LAB 페이지

분석할 해시태그를 넣으면 해시태그의 평균 좋아요 수, 댓글 수, 인기글 평균 유지시간, 그리고 관련 인기 해시태그를 알 수 있습니다. 결과의 관련 해시태그를 참조해서 해시태그를 더 만들 수 있습니다.

네온툴즈neontools.io는 해외 온라인 마케팅 툴 사이트이고 무료인데, 회원가입을 해야 사용 가능합니다. 이중 소셜 오딧Social Audit 메뉴에 인스타그램 계정 아이디를 입력하면 인스타그램 반응율을 분석해서 현재 적합한지 알려줍니다.

또한, 해시태그 분석기Hashtag Analyzer에서 분석하고자 하는 해시태그를 넣으면 그와 연관된 해시태그를 사이즈별로 다양하게 제시해줍니다. 물론 검색도 영어로 하고 결과도 영어로 나오지만, 한글로 해석해서 충분히 동일한 의미의 해시태그를 만들어볼 수 있습니다.

네온툴즈 사이트의 해시태그 분석기 메뉴 화면 (#instagrammarketing을 검색했을 경우)

인플랙트inflact.com는 회원 가입 없이 무료로 사용 가능한 해외 인스타그램 마케팅 툴 사이트입니다. AI 기반의 해시태그 생성기Hashtag Generator와 인기 해시태그를 알려주는 해시태그 트렌드Hashtag Trends가 유용합니다.

해시태그 생성기 메뉴에서 원하는 해시태그를 영어로 입력하면 관련된 해시태그를 보여줍니다. 이 페이지 자체를 번역하면 한글로 된 해시태그를 알 수 있으니 해시태그 생성 시 참고하세요.

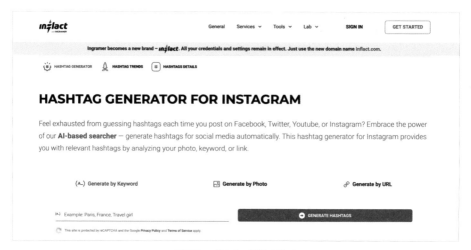

인플랙트 해시태그 생성기 화면

이렇게 관련 해시태그 리스트를 뽑아놓은 후에 본격적으로 브랜드의 해시태그를 작성해보겠습니다.

먼저 나의 비즈니스나 브랜드 설명에 꼭 들어가야 할 키워드를 뽑습니다. 비즈니스 유형, 제품 또는 서비스, 위치, 브랜드를 설명하는 형용사, 차별점 등을 생각해봅니다.

이 키워드가 핵심 해시태그라면 관련 해시태그를 대형, 중형, 소형 해시태그 카테고리별로 작성해봅니다. 대형 해시태그는 검색 페이지에서 검색했을 때 50만 이상 게시물, 중형은 10만에서 50만, 소형은 10만 이하의 게시물입니다.

예를 들어, 브랜딩 디자인 스튜디오를 홍보하기 위한 해시태그를 작성해본다면 대형 해시태그는 브랜드 디자인, 비주얼 디자인 등의 큰 카테고리가 있을 것이고, 중형으로는 이 카테고리에 속하는 브랜드 디자이너, 브랜드 스튜디오 등이 있을 것입니다. 그리고 소형은 한 단계 더 구체적인 스몰 디자인 스튜디오, 서울 디자인 스튜디오 등이 해당됩니다.

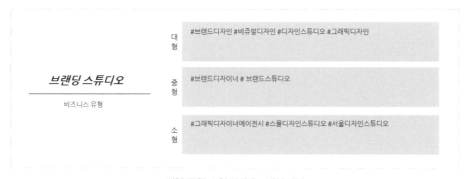

대형, 중형, 소형 해시태그 작성 예시

이렇게 해시태그를 사이즈별로 구분해서 나열한 후, 실제 캡션에 적용할 때는 이 사이즈별 해시태그를 혼합해서 적습니다. 대신 가장 많은 양의 소형 해시태그가 있어야 하고, 그다음이 중형, 그다음 소량의 큰 해시태그가 있어야 합니다.

팔로워가 많지 않은 계정이라면, 대형 해시태그만 걸었을 때 다른 인기 계정에 비해 인기 게시물 란에서 뒤로 밀려서 노출되기가 어렵습니다. 이보다는 중소형의 해시태그에서 경쟁력이 있을 때 더 많은 사람에게 도달할 수 있습니다. 처음에는 소형 위주, 그다음에 계정이 성장하면서 중형을 늘리고, 최종적으로 대형 해시태그로 넘어가면서 자신의 등급에 따라 각 해시태그의 수를 결정해야 합니다.

요즘에는 캡션도 가시성이 좋아야 하는데, 여러 개의 해시태그가 보기 싫다면 댓글에 해시태그를 적어서 가려두는 것도 좋은 방법입니다. 인스타그램에서 검색할 때는 캡션과 댓글이 아무런 차이가 없습니다. 단, 게시물을 포스팅한 후 바로 댓글을 다는 것이 좋습니다. 시간이 많이 지나서 달면 알고리즘 점수를 다시 초기화하기 때문입니다.

> **TIP** 해시태그 워크북
>
> 브랜드 해시태그를 작성하는 템플릿은 부록(p.268)에 있으니 브랜드의 주제별 대형, 중형, 소형 해시태그를 많이 뽑아보세요. 그리고 경쟁 브랜드의 해시태그도 같이 정리해보면 도움이 많이 될 것입니다.

## 03 _ 슬라이드 콘텐츠 기획하기

인스타그램 피드에는 최대 10장의 사진이나 비디오를 올릴 수 있습니다. 이렇게 여러 장의 사진을 올리고 슬라이드를 넘겨서 볼 수 있는 기능을 미국에서는 회전목마인 캐러셀Carousel이라고 부릅니다. 하지만 국내에서는 편의상 슬라이드라는 표현이 통용되고 있어서 여기서도 슬라이드라고 하겠습니다. 이 슬라이드 기능을 이용하면 관련된 사진을 다양하게 보여주거나 전/후before&after 사진, 스토리가 있는 내용을 차례대로 소개하는 카드 뉴스까지 다양하게 활용할 수 있습니다.

인스타그램 피드에는 슬라이드의 첫 번째 이미지만 표시되므로, 이 첫 장의 대문 이미지는 인스타그램 미학에 맞게 디자인하고 그 이후의 이미지는 좀 더 깊은 이야기를 설명하는 데 활용할 수 있어 매우 유용합니다. 전/후 사진을 보여줄 때 피드에 같이 보여주는 것보다 앞 장에는 달라진 좋은 모습만 소개하고 그 전 사진들을 뒤에 보여주면 피드에서 미적 손상 없이 내용을 소개할 수 있습니다.

### 슬라이드 효과적으로 쓰는 법

인스타그램 슬라이드 게시물은 다양한 창의적 방법으로 사용할 수 있습니다. 올바른 전략을 사용하면 참여 수준을 높이고 브랜드 친밀도를 높이며 제품 판매를 촉진할 수도 있습니다.

소셜 인사이더<sup>Social Insider</sup>에서 실시한 연구에 따르면 인스타그램에서 게시물당 좋아요 및 댓글 등의 평균 참여율[14]이 단일 이미지 게시물의 경우 1.74%, 단일 동영상 게시물의 경우 1.45%인데 비해 슬라이드 게시물은 게시물당 1.92%로 단일 게시물을 능가합니다. 또한 슬라이드 10개를 모두 활용하면 평균 참여율이 2.07%로 높아집니다.

슬라이드 기능을 효과적으로 쓰려면 이미지 개수가 적은 것보다는 8장 이상을 사용해야 참여율이 2% 높아집니다. 비디오와 이미지를 섞어 쓰면 반응이 더 좋습니다. 또한, 이전 장과 다음 장이 연결되는 디자인 요소를 넣으면 방문자가 끊지 않고 계속 넘기면서 사진을 확인합니다.

이러한 전략을 담아서 '인스타그램 브랜딩의 정석' 온라인 강의를 홍보하는 슬라이드 콘텐츠를 만들어보면 다음과 같습니다.

**RECIPE** 8장의 슬라이드 콘텐츠 만드는 법

1. 첫 번째 장에서는 피드에 게시되는 이미지로 컬러와 톤을 스타일 가이드에 맞춰 제작하고, 콘텐츠의 제목을 넣습니다. 그리고 두 번째 장에서 이미지와 내용이 이어지면서 좀 더 자세한 소개 문구가 나옵니다.

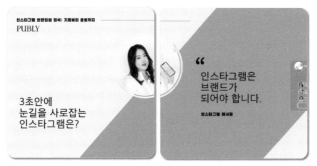

제목을 표시하는 슬라이드 첫 번째 장　　　　도입부의 슬라이드 두 번째 장

2. 세 번째에서 다섯 번째 장까지는 이 콘텐츠를 왜 봐야 하는지, 어떻게 봐야 하는지 등의 정보를 담습니다.

---

**14** 콘텐츠 조회 수 대비 콘텐츠에 대한 좋아요, 댓글, 저장, 공유 등의 참여 수 비율.

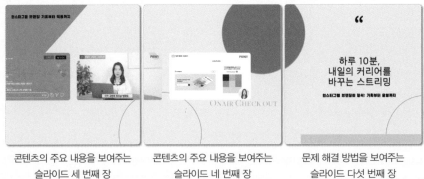

<table>
<tr><td>콘텐츠의 주요 내용을 보여주는<br>슬라이드 세 번째 장</td><td>콘텐츠의 주요 내용을 보여주는<br>슬라이드 네 번째 장</td><td>문제 해결 방법을 보여주는<br>슬라이드 다섯 번째 장</td></tr>
</table>

3. 여섯 번째와 일곱 번째 장에서는 어떤 좋은 결과가 있을지를 알려줍니다.

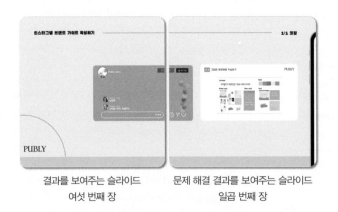

<table>
<tr><td>결과를 보여주는 슬라이드<br>여섯 번째 장</td><td>문제 해결 결과를 보여주는 슬라이드<br>일곱 번째 장</td></tr>
</table>

4. 마지막 장에서는 행동을 유발할 수 있는 문구를 제시하며 마무리합니다.

행동을 유발하는 내용이 있는 슬라이드 여덟 번째(마지막) 장

이렇게 디자인이 다음 장으로 이어지게 만들기 위해서는 피드 하나의 이미지가 가로×세로=1,080×1,080픽셀 사이즈라고 생각하고 포토샵에서 8장이 이어진 이미지 사이즈 가로×세로= 8,640×1,080픽셀 사이즈의 큰 이미지를 만듭니다. 그 안에서 디자인 요소를 배치한 후 8장으로 자르면 됩니다.

> **TIP** 스토리보드 워크북
>
> 슬라이드 콘텐츠를 작성하는 스토리보드 템플릿은 부록(p.272)에 있으니 각 슬라이드의 장면을 많이 기획해보세요. 스토리보드 워크북은 이 책의 홈페이지(https://wikibook.co.kr/instagram-branding) – [관련 자료] 탭에서도 내려받을 수 있습니다.

## 카드 뉴스 만들기 사이트 이용하기

포토샵으로 슬라이드 콘텐츠를 디자인하기가 어렵다면 템플릿을 제공해주는 디지털 서비스를 이용하면 아주 쉽게 제작할 수 있습니다.

소셜미디어 템플릿을 제공하는 캔바www.canva.com 사이트에서도 슬라이드 템플릿을 다양하게 제공합니다. 인스타그램 포스트 메뉴를 선택한 후, 슬라이드를 의미하는 'carousel' 또는 '캐러셀'을 검색해보세요.

캔바의 인스타그램 포스트 메뉴

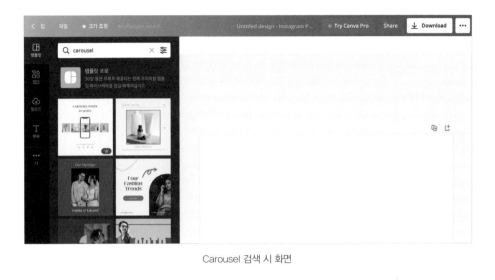

Carousel 검색 시 화면

왼쪽에 제시된 디자인 중에서 마음에 드는 디자인을 선택하면 해당 테마의 여러 디자
인 템플릿이 제시됩니다. [Apply all 8 pages] 버튼을 클릭하면 오른쪽 캔버스에 디자
인이 적용되고, 이 캔버스 안에서 사진이나 텍스트를 교체하면서 나의 브랜드 콘셉트
에 맞게 디자인을 간단히 수정할 수 있습니다.

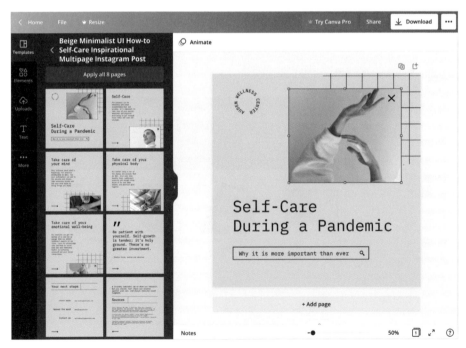

선택한 슬라이드 콘텐츠를 오른쪽 작업 화면에 적용

모든 페이지를 완성한 후 캔버스 위쪽의 [Download] 버튼을 누르면 이미지를 다운로드 받고 인스타그램에 올릴 수 있습니다. 캔바 서비스는 모바일 앱도 제공하여 스마트폰에서도 작업할 수 있습니다.

한글 콘텐츠가 필요하다면, 한국에서 제공하는 망고보드www.mangoboard.net와 미리캔버스www.miricanvas.com의 템플릿에서 카드 뉴스를 검색해서 캔바와 같은 방식으로 이용할 수 있습니다.

망고보드의 카드뉴스 템플릿

미리캔버스의 카드 뉴스 템플릿

129

미리캔버스에서도 카드 뉴스형 템플릿을 제공합니다.

이러한 사이트를 통해 사진과 콘텐츠 내용만 잘 준비하면 세련된 디자인의 슬라이드 콘텐츠를 만들 수 있으니 슬라이드 콘텐츠도 적극적으로 활용해보세요.

## 04 _ UGC/이벤트 기획하기

고객 및 팔로워들이 직접 브랜드에 관련된 콘텐츠를 생산해 내는 보다 더 적극적인 참여가 필요할 때는 UGC나 챌린지, 공모전을 포함한 이벤트를 개최합니다.

UGC[User Generated Contents]는 말 그대로 번역하면 사용자 제작 콘텐츠이며, 제품의 사용자 또는 소비자, 브랜드의 팔로워가 브랜드의 콘텐츠를 직접 제작하게 하는 방법입니다. 진정한 UGC는 브랜드가 돈을 지불하지 않아도 자발적으로 팬이 공유하는 진실하고도 정직한 추천 콘텐츠입니다. 그렇기 때문에 실제 소비자의 55%는 다른 형태의 마케팅 콘텐츠보다 UGC를 신뢰하는 것으로 나타났습니다. 인스타그램에서 UGC는 종종 공모전이나 해시태그 캠페인 형태를 취하는데, 여기서 브랜드는 사용자가 브랜드 가이드에 따라 게시물을 직접 생성하게 권장합니다.

최근 AdWeek 보고서[15]는 사용자의 85%가 브랜드가 제작한 콘텐츠보다 UGC가 구매 결정에 더 큰 영향을 미친다고 발표했습니다. 그 이유는 사람들이 브랜드의 홍보 콘텐츠보다 이전에 그 제품을 실제로 구매하고 사용한 사람의 추천과 조언에 더 귀 기울이기 때문입니다. 따라서 비즈니스를 성장시키려는 경우 (특히 젊은 층이 타겟 고객인 경우) UGC는 매출을 높이고 진정한 브랜드 충성도를 가진 커뮤니티를 구축하는 데 큰 도움이 될 수 있습니다.

그럼 지금부터 자발적으로 브랜드 충성심을 끌어낼 수 있는 UGC와 이벤트를 기획하는 법을 알아보겠습니다.

**15** 출처: https://www.adweek.com/performance-marketing/why-consumers-share-user-generated-content-infographic/

# UGC 기획하기

브랜드에서 UGC 마케팅을 진행할 때 고객들이 브랜드에 대한 콘텐츠를 만들면 그것을 모아서 공유하게 됩니다. 이때 다양한 고객이 만든 UGC가 브랜드가 원했던 방향의 콘텐츠로 잘 만들어져야 하고, 그것을 모아서 보여줬을 때도 브랜드 인스타그램의 미학에 손상이 없어야 합니다. 저작권도 문제 없게 신경 써야 합니다. 이 모든 것을 하기 위해서는 UGC를 처음부터 잘 기획하고 요청해야 합니다.

브랜드에 맞는 UGC를 만들기 위해서 다음과 같이 기획해 보세요.

## 1단계 목표에 따른 UGC 기획

UGC를 기획할 때도 비즈니스 목표를 생각하고 그것을 지원할 수 있는 전략을 짜야 합니다. 목적 없이 UGC를 공유하는 것은 의미가 없습니다. UGC가 단순히 판매 홍보물이 되어서는 안 됩니다. 보는 사람들에게 실제로 도움이 되는 독립형 콘텐츠로 생각해야 합니다. UGC를 공유하면서 고객들에게 어떤 정보를 전달할 것인지를 생각해야 합니다. UGC는 영감을 주거나, 제품 사용 방법을 소개하거나, 실제 리뷰를 공유하거나, 팔로워가 제품 선택에 대한 결정을 내리는 데 도움이 되는 등의 목적에 부합해야 합니다. 제품 인지도를 높이는 데 주력하는 경우 제품을 특징으로 하는 UGC를 사용하는 것이 좋습니다.

## 2단계 브랜드에 맞는 UGC 선정

목표를 설정한 후에는 이를 달성하기 위한 콘텐츠를 모아야 합니다. 가장 쉬운 방법은 잠재고객이 브랜드 해시태그와 관련된 좋은 콘텐츠를 제작해서 올리게 권장하는 것입니다. 이때 브랜드의 스타일에 맞는 콘텐츠가 올라오게 하려면 가이드나 콘셉트를 잘 제시해주어야 합니다.

예를 들어, 핸드폰 케이스 브랜드 피으@fille.forever는 핸드폰으로 거울을 비친 자기 모습을 찍은 고객들의 사진을 소개하는 [Our filles]를 스토리 하이라이트에서 보여줍니다. 이 콘텐츠를 보고 다른 고객들이 비슷한 포즈로 찍은 사진을 포스팅하면서 피으만의 시그니처 UGC가 만들어지고 있습니다. 피으는 포스팅된 사진 중 브랜드에 적합한 콘텐츠를 다시 하이라이트로 게시하여 피으의 핸드폰 케이스를 구매한 고객들이 자연스럽게 참여하는 UGC 문화를 형성해 가고 있습니다.

Fille 스토리에 게시된 다양한 고객들의 베스트 UGC @fille.forever

또, 스토리 하이라이트의 [Reviews]에서는 고객들의 제품 후기 게시물을 공유합니다. 제품을 받아본 고객들이 직접 작성한 후기이므로 진정성이 있기 때문에 이 하이라이트 콘텐츠는 다른 고객의 구매에도 영향을 미칠 수 있는 중요한 브랜드 콘텐츠이며, 상시 노출됩니다.

Fille의 하이라이트 메뉴와 제품 후기 콘텐츠 @fille.forever

letterfolk<sup>@letterfolk</sup>는 글자판 디자인을 선택하면 그에 맞는 알파벳이나 글자판을 만들 수 있는 타일을 제공해주는 곳입니다. 고객이 글자판을 완성해서 인스타그램에 올리면 그 사진을 letterfolk 계정에서도 동시에 소개합니다. 다양한 고객의 후기 및 완성작 사진이 있는데, 큐레이션을 적절하게 해서 피드에 리포스트합니다.

@iftypehadatype의 고객 사진을 리포스트한 @letterfolk

### 3단계 리포스트(repost) 권한 요청

인스타그램에서 가장 큰 금지 사항은 원래 소유자에게 크레딧을 제공하거나 허가를 요청하지 않고 콘텐츠를 다시 게시하는 것입니다. 따라서 콘텐츠에 태그를 지정하거나 언급했더라도 콘텐츠를 다시 게시하기 전에 크리에이터에게 연락하여 서면 승인을 받는 것이 매우 중요합니다.

여러분이 할 일은 정중한 DM을 보내 자신의 계정에서 해당 콘텐츠를 사용할 권한을 요청하는 것입니다. 제작자가 동의하면 계정에서 자신의 콘텐츠를 공유할 준비가 된 것입니다. 하지만 캡션에 원래 제작자를 명확히 표시할 필요가 있습니다.

스토리는 피드나 스토리 콘텐츠를 공유할 때 크레딧을 자동으로 표시해 주는 서비스를 제공해서 스토리의 공유 기능을 사용하면 권한 요청에 대한 부담을 덜 수 있습니다. 다른 사람의 피드 게시물을 공유할 때, 피드 하단의 공유 버튼을 누르고 자신의 [스토리 게시물 추가]를 누르면 스토리에 올릴 수 있습니다.

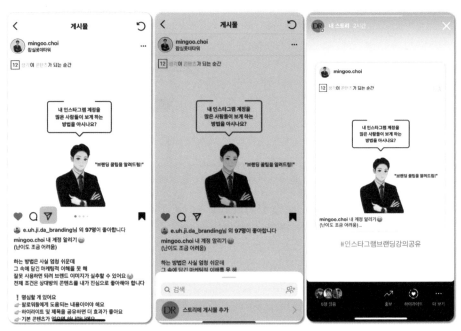

다른 사람의 게시물을 나의 스토리에 추가하기 @mingoo.choi

### 4단계 게시하기 전에 피드 그리드 미학 미리보기

다양한 유저들로부터 콘텐츠를 받기 때문에 포스팅할 때 브랜드의 미학을 유지하는 것은 굉장히 중요한 문제입니다. UGC를 공유하고 리포스트Repost할 때 브랜드 콘셉트 및 스타일 가이드와 맞지 않는 것은 수용해서는 안 됩니다.

뷰티브랜드인 Frank Bod@frank_bod가 UGC를 인스타그램 스토리에 완벽하게 통합하고 브랜드 색상과 글꼴을 전체적으로 유지하여 게시물을 피드하는 방법을 살펴보세요. 뷰티브랜드 Frank Bod는 고객들의 콘텐츠를 자신의 고유 스토리 디자인 템플릿을 넣어서 리디자인하여 브랜드 미학을 유지하면서 다양한 UGC 콘텐츠를 소개합니다.

Frank Bod의 UGC 공유 사례 @frank_bod

수영복 브랜드 Fella Swim@fellaswim은 동일한 스토리 템플릿을 사용하여 UGC를 'As Seen On' 시리즈로 포스팅합니다. 고객들의 사진을 'As Seen On' 타이틀로 동일하게 디자인하여 스토리에 게시하여 동일한 캠페인을 홍보하는 광고물처럼 보이게 만들었습니다. 이러한 유형의 콘텐츠는 브랜드의 미학을 존중하고 피드와 매끄럽게 어우러져 방문자에게 브랜드에 관한 흥미를 더 많이 불러일으킵니다.

동일한 스토리 디자인 포맷을 적용한 UGC사례 @fellaswim

## 5단계 UGC 크리에이터 커뮤니티 구축

앞에서 브랜드에 맞는 해시태그를 만들고 태그된 게시물을 찾는 방법을 다루기는 했는데, 여전히 충분한 브랜드 콘텐츠를 찾지 못했다면 어떻게 해야 할까요? 이럴 때는 브랜드 해시태그와 함께 콘테스트를 진행해서 양질의 콘텐츠가 계속 생성되게 하는 것도 좋은 방법입니다.

Canon은 인스타그램에서 캐논으로 찍은 베스트 사진을 공유하는 콘테스트를 진행하고 있으며, 매주 소비자가 다른 사람들에게 영감을 불러일으킬 만한 사진을 공유하고 있습니다. UGC 대회인 브랜드 해시 태그 #CanonFanPhoto로 검색하면 65만 개가 넘는 게시물을 볼 수 있습니다. 그러면 콘테스트에 참여한 사진을 모두 모아서 볼 수 있는데, Canon의 많은 소비자가 브랜드를 위한 멋진 콘텐츠를 만드는 데 참여하고 있음을 알 수 있습니다.

#CanonFanPhoto 검색 화면

인스타그램에서 브랜드에 대한 UGC를 수집하는 가장 좋은 방법 중 하나는 브랜드 해시태그를 만드는 것입니다. 브랜드 해시태그를 사용하면 사용자에게 해시태그를 게시물에 포함하게 요청할 수 있으며, 그러면 공유할 콘텐츠를 쉽게 검색하고 찾을 수 있습니다. 이때 해시태그가 유니크해야 콘테스트에 참여하는 콘텐츠만 모아서 볼 수 있습니다.

이렇게 브랜드가 UGC를 이용하면 진정한 리뷰를 쉽게 수집해서 공유할 수 있고, 브랜드를 중심으로 충성도 높은 팬과 커뮤니티를 구축할 수 있으며, 강력한 구매 의도를 가진 방문자를 사이트로 유도할 수 있어 이 방법은 마케팅에 많이 활용됩니다.

좀 더 가치 있는 UGC를 원한다면 독창적인 콘텐츠가 나올 수 있게 가이드를 제시해야 하며, 진정성 있는 콘텐츠가 나오게 장려해야 합니다. 단순히 이 이벤트를 위해서가 아니라 잠재고객에게 도움이 되게 브랜드에 대한 긍정적인 인상을 줄 수 있는 콘텐츠가 생산되게 하는 것이 기획의 중요한 사항입니다.

## 이벤트/챌린지 기획하기

인스타그램에서 이벤트Event나 챌린지Challenge를 만드는 것은 트렌드를 유지하고 팔로워의 참여를 높이는 쉬운 방법입니다. 챌린지는 팬들에게 즐거움을 제공하는 동시에 도달 범위와 인상을 확대합니다.

인플루언서 베일리스 스탄워스Bailey Stanworth, @baileyjst는 "#BathTubeChallenge" 챌린지 이벤트에 참여하고 있습니다. 욕조에서 귀여운 사진을 찍는 것이 챌린지인데요. 챌린지에 참여하면서 같이 참여할 다른 지인들을 지명합니다. 태그된 사람들과 이 콘텐츠를 본 사람들이 #BathTubeChallenge라는 해시태그를 달고 콘텐츠를 올리면 나중에 이 해시태그를 검색했을 때 챌린지 콘텐츠를 한 번에 모아서 볼 수 있습니다. 이것이 또 하나의 이벤트 페이지이자 좋은 콘텐츠 페이지가 될 수 있습니다. 그렇기 때문에 챌린지의 해시태그는 유니크한 것이 좋습니다.

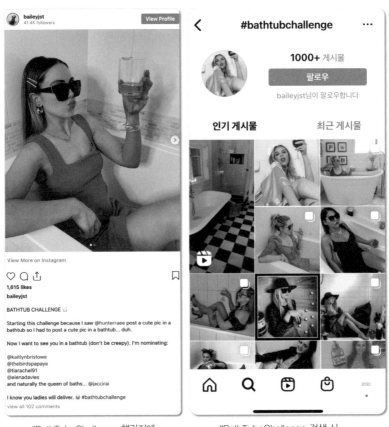

#BathTubeChallenge 챌린지에
참여하는 @baileyjst의 게시물

#BathTubeChallenge 검색 시
결과로 나오는 챌린지 참여 콘텐츠

보통 간단하게 팔로우하고 댓글을 쓰면 그중 추첨해서 선물을 주는 이벤트를 많이 하는데요. 그러한 이벤트에는 상품만을 노리는 체리피커가 많고, 이벤트가 끝나면 다시 언팔로우하거나 올렸던 콘텐츠를 삭제하기도 합니다. 이는 브랜드에 대한 충성도가 없어도 참여할 수 있는 이벤트이기 때문입니다. 이벤트 참여 숫자를 높이기 위해서 단순한 이벤트를 진행하기보다는 참여도가 낮더라도 브랜드를 계속 팔로잉할 수 있는 진정성을 가진 참여자를 추리기 위해서 콘텐츠형 이벤트를 진행하는 것을 추천합니다.

그 외 소셜 콘테스트는 브랜드를 알리고 커뮤니티에도 도움이 될 수 있습니다. 그리고 인플루언서를 활용한 마케팅을 추가하면 브랜드 인지도를 높이고 팔로워를 늘릴 수 있어 판매를 촉진하는 데 도움이 됩니다. 중요한 것은 브랜드 가치, 제품 제공에 부합하고 잠재고객에게 맞는 인플루언서를 찾는 것입니다.

# 05 _ 스토리 콘텐츠 기획하기

인스타그램의 스토리는 콘텐츠 접근을 위한 또 하나의 채널입니다. 스토리는 모바일 세로 화면을 다 쓸 수 있기 때문에 몰입감이 좋고, 큰 화면에서 사진, 비디오, 그래픽 디자인을 통해 좀 더 창의적인 표현이 가능합니다. 또한, 콘텐츠가 24시간 동안만 지속된다는 특징으로 늘 최신의 생생한 콘텐츠만 제공되며, 업데이트되면 최상단에 아이콘 형태로 팔로워들에게 제시되어 피드보다 눈에 더 잘 띌 수 있습니다.

스토리는 재미있고 창의적일 뿐만 아니라 참여도를 높이고 브랜드 인지도를 구축하며 판매를 촉진하는 가장 좋은 방법 중 하나입니다. 비즈니스의 성장을 위해 스토리를 만들 때는 다음과 같은 점에 유의해 제작해야 합니다.

## 비즈니스 목표 계획 및 정의

인스타그램에 게시하는 모든 콘텐츠는 브랜드 목표를 지향해야 합니다. 스토리를 만들 때도 스토리의 궁극적인 목표가 무엇인지 상기해야 합니다. 목표가 무엇인지 알면 게시할 콘텐츠 유형을 더 잘 결정할 수 있습니다.

인스타그램 스토리의 목표는 다음과 같이 브랜드 인지도 구축, 판매 촉진, 참여도 향상입니다.

- **브랜드 인지도 구축**: 팔로워를 늘리고 커뮤니티를 확장하는 것에 목표를 두어야 합니다.
- **판매 촉진**: 구매할 수 있는 채널에 대한 접근성을 높이는 것에 목표를 두어야 합니다.
- **참여도 향상**: 스토리 스티커를 통해서 설문조사 및 피드백 참여를 높여야 합니다.

예를 들어 브랜드 인지도 구축이 목표라면 프로필 페이지로 유도하여 팔로잉을 유도할 수 있어야 합니다. 목표가 판매 촉진인 경우에는 스토리의 마지막에 '쇼핑하러 가기'와 같은 클릭 유도 문안과 함께 제품에 대한 정보가 포함될 수 있습니다. 또는 팔로워의 피드백을 듣고 있음을 알리고 싶다면 스토리에 질문 스티커를 사용하여 올리고 답변을 공유할 수 있습니다.

디자인 에이전시 markaworks@markaworks는 새롭게 디자인한 카페 브랜드 패키지 디자인에 대한 무드보드를 스토리에서 보여주면서 좋은지 나쁜지에 대한 유저들의 반응을 스티커로 얻고 있습니다.

카페 브랜드 패키지 디자인의 반응을 묻고 있는 스토리 @markaworks

## 스토리 콘셉트 잡기

목표를 정한 후에는 스토리의 콘셉트를 정해야 합니다. 크게 어떤 주제에 대해서 이야기하고 싶은지 정하고, 목표와 주제를 중심으로 스토리 만드는 방법을 결정해야 합니다.

예를 들어, mtl(more than less)@mtl_cafebakery 카페의 스토리 콘셉트는 '우리 카페를 이용하는 다양한 사람들의 모습 보여주기'일 수 있습니다. 그러면 다른 사용자들이 올린 콘텐츠를 게시하지만, 여전히 브랜드 스타일과 일치하는 느낌이 듭니다.

커피를 즐기는 고객들의 게시물을 스토리에 동일한 방법으로 게시 @mtl_cafebakery

또는 특정 휴일이나 기념일을 콘셉트로 이야기를 만들 수 있습니다. 패션 브랜드 MATE[@mate_the_label]는 '지구의 날[Earth Day]'에 대한 이야기를 나눕니다. 지구의 날을 언급하면서 자신들의 옷이 지속 가능한 환경을 위해 어떻게 기여하는지 보여주고, 이 브랜드가 지구의 날에 어떻게 참여하는지를 공유합니다.

Mate가 올린 '지구의 날' 콘셉트 스토리 @mate_the_label

스토리는 24시간이 지나면 사라질 수 있지만, 여전히 브랜드를 미학적으로 만족스럽게 유지하는 것이 좋기 때문에 먼저 스타일 콘셉트를 정해야 합니다. 그리고 스토리 콘셉트를 정했다면 세부 사항을 파고 들어 스토리를 어떻게 구현할 것인지를 기획한 스토리보드를 작성해야 합니다.

## 스토리텔링의 시작, 중간, 끝 기획하기

스토리의 스토리텔링을 기획할 때는 스토리보드에 스토리의 시작, 중간, 끝이 어떻게 이루어져야 할지를 구상해보세요. 무작정 콘텐츠를 촬영하고 그 안에서 이야기를 찾는 것보다 스토리보드를 통해서 얻어야 할 콘텐츠가 어떤 것인지를 정확히 알고 촬영에 들어가는 게 좋습니다. 스토리보드를 사용하면 어떤 디자인 요소를 만들어야 하는지 이해하는 데 도움이 되고 다른 팀원과 협업하기도 쉽습니다.

시작에서는 어떤 이야기를 할지를 보여주고, 중간에서는 어떠한 문제나 갈등이 있는지 하이라이트 내용을 다루고, 끝에서는 그 문제에 대한 솔루션을 제공하는 식으로 구상해보세요.

넷플릭스@netflixkr는 가입 유치를 가장 큰 비즈니스 목표로 삼고 [가입하기]를 유도할 수 있는 광고를 스토리에 공유했습니다. 넷플릭스의 가장 큰 장점인 광고가 없다는 점을 콘셉트로 잡아서 스토리텔링을 구상했습니다. 중간 광고로 고통받는 장면, 어떤 광고도 없다는 문제 해결, 그에 대한 솔루션으로 '넷플릭스 지금 가입하세요.'로 마무리 지었습니다. 이렇게 시작, 중간, 끝의 큰 스토리 흐름을 기획하고, 필요하면 추가 내용을 채우면서 비디오 스토리 광고를 만들면 좋습니다.

넷플릭스의 가입 유도 스토리 광고 @netflixkr

이렇게 목표를 염두에 두고 콘텐츠를 제작해서 브랜드의 제품을 알리고 서비스를 교육하는 콘텐츠로 자연스럽게 고객을 유입시켜야 합니다.

## 스토리에 콘텐츠 공유

이렇게 목표, 콘셉트, 스토리텔링을 생각하고 기획한 스토리 콘텐츠를 공유해보세요.

**TIP** 스토리보드 양식

스토리의 스토리텔링 기획을 위한 스토리보드 양식은 부록(p.272)에 있으니 기획하는 데 참고하세요. 스토리보드 워크북은 이 책의 홈페이지(https://wikibook.co.kr/instagram-branding) – [관련 자료] 탭에서도 내려받을 수 있습니다.

## 06 _ 비디오/릴스 기획하기

인스타그램에서는 사진을 올리는 것이 더 일반적인 형식이지만, 모바일 환경에서 긴 이야기를 설명하는 데는 비디오가 굉장히 효과적입니다. 단일 이미지로는 전달할 수 없는 복잡하고 심층적인 이야기를 공유하기에는 비디오가 최고의 커뮤니케이션 툴입니다. 그렇기 때문에 비디오 콘텐츠가 사진보다 점점 더 빠른 속도로 증가하고 있습니다. 피드 내에서는 기존에는 1분 이내의 짧은 비디오만 플레이가 가능했지만 이제는 긴 시간의 비디오 플레이가 가능합니다. 그리고 스토리에 비디오와 다양한 디자인을 함께 삽입할 수 있으며, 세로형 비디오 릴스까지 지원합니다. 인스타그램에서 비디오 콘텐츠는 어떻게 제작하는 것이 좋을까요?

### 단일 비디오 기획하기

피드에 비디오를 올리는 것은 사진을 올릴 때와 크게 다르지 않습니다. 프로필 페이지에서 [+] 만들기 버튼을 탭하고 [게시물]을 선택해서 앨범에서 사진이 아니라 비디오를 선택하면 됩니다.

만들기에서 게시물을 선택하고(왼쪽), 앨범에서 비디오 선택(오른쪽)

선택한 비디오의 톤을 보정하고 싶다면 필터 탭에서 원하는 필터를 선택하고 플레이 타임을 조정하고 싶다면 '다듬기' 탭에서 편집해 줍니다.

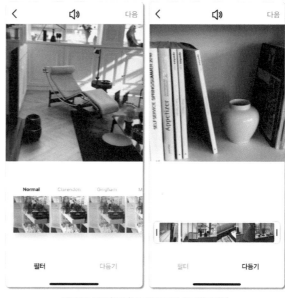

필터 탭 화면(왼쪽)과 다듬기 탭 화면(오른쪽)

대신 피드에 올릴 때는 피드의 브랜드 미학을 해치지 않도록 커버 사진을 신경 써서 올려야 합니다. 새 게시물에서 문구를 입력할 때 섬네일이 될 커버 사진을 다른 사진으로 지정할 수 있습니다. 커버 사진을 특별히 정하지 않으면 비디오의 첫 번째 컷이 자동으로 커버 사진으로 게시되는데, 피드에서 브랜드 미학을 좀 더 살리려면 어울리는 커버 사진을 정해주는 것이 좋습니다.

커버 사진 탭하고(왼쪽) 스크롤 바에서 커버 사진 선택(오른쪽)

145

또는 슬라이드 콘텐츠에서 앞부분에 커버 사진으로 사용할 사진을 넣고, 뒤에 비디오를 추가하는 방법을 쓰면 피드 미학도 살리면서 콘텐츠 조회 시간도 길게 확보할 수 있어 알고리즘 점수에도 유리합니다.

## 시리즈 비디오 기획하기

비디오를 시리즈로 만들면 브랜딩의 좋은 요소가 될 수 있습니다. 특히 이 비디오를 포스팅하는 시간을 TV 프로그램처럼 일정한 요일의 일정 시간대로 하게 되면 이 비디오를 보기 위해서 정기적으로 방문하는 팔로워를 갖게 되고 참여와 팔로워 수가 증가할 수 있습니다.

그렇다고 인스타그램용으로 시리즈 비디오를 제작할 때 TV 프로그램 제작처럼 꼭 큰 비용을 들일 필요는 없습니다. 실제로, 최고의 시리즈 중 일부는 비교적 저예산으로 보이는 환경에서 촬영됩니다. 중요한 것은 비디오 안에 팔로워가 보고 싶어 하는 콘텐츠가 있어야 한다는 점입니다.

룰루레몬@lululemon의 Boob Truths 시리즈를 살펴보면 매주 화요일에 단일 주제(완벽한 스포츠 브라 핏을 찾는 방법)에 대해서 세트 및 형식이 동일한 인터뷰를 제공합니다. 이 경우 스튜디오 내에 의자 몇 개와 간단한 배경만 있으면 됩니다.

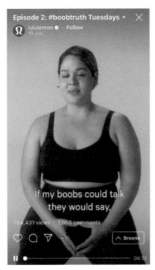

시리즈 비디오를 제공하는 룰루레몬 @lululemon

패션 플랫폼 WCONCEPT@wconceptkorea에서는 브랜드 사-담 시리즈를 볼 수 있습니다. 각 브랜드의 담당자가 나와서 브랜드와 제품에 대해서 설명하는 시리즈입니다. 담당자들이 테이블 앞에 앉아서 편안하고 자유로운 방식으로 브랜드를 소개하는 라이브 방송을 시리즈 비디오로 저장해서 아카이브를 형성하고 있습니다.

WCONCEPT 브랜드 사-담 시리즈 중 '유어네임히얼'의 한 장면 @wconceptkorea

따라서 첫 번째 시리즈 출시를 생각하고 있다면 전략적으로 계획을 짜야 팔로워를 늘릴 수 있습니다.

시리즈를 시작하려면 게시물을 만들 때 [시리즈에 추가]를 탭하여 시리즈에 비디오를 추가하십시오. 시리즈의 첫 번째 동영상인 경우 [첫 번째 시리즈 만들기]를 탭한 후, 시리즈 이름과 설명을 넣고 [만들기]를 탭하면 됩니다. 그 다음부터 [시리즈에 추가]에 옵션이 표시되고 기존 시리즈를 선택할 수 있습니다. 하나의 시리즈에 올리는 비디오는 동일한 테마와 스타일을 쓰는 것을 권장합니다. 다음에는 '시리즈 추가'에서 기존 시리즈명을 선택해서 추가하면 됩니다.

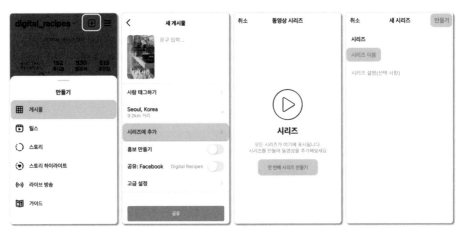

시리즈 만들기 화면

시리즈에서 무엇을 기대할 수 있는지를 방문자가 알게 되면 팔로우 버튼을 누르고 계속 업데이트되는 콘텐츠를 보기 위해 관심을 기울일 가능성이 높습니다. 따라서 방문자가 기대할 만한 좋은 콘텐츠를 기획해서 올리는 것이 중요합니다. 인스타그램 비디오는 수익성이 없기 때문에 뛰어난 비디오 크리에이터들은 주로 유튜브에 비디오 콘텐츠를 올립니다. 하지만 인스타그램에서도 현재 미국 몇몇 크리에이터와 광고 수익을 셰어할 수 있는 프로그램을 테스트 중입니다. 조만간 인스타그램 비디오로 수익 창출이 가능한 길이 열릴 테니 크리에이터라면 좋은 콘텐츠를 올릴 준비만 하면 됩니다.

## 릴스 기획하기

인스타그램은 15~30초의 짧고 재미있는 세로 비디오를 공유하기 위해 '릴스Reels'라는 기능을 추가했습니다. 틱톡TikTok이 MZ 세대에게 크게 인기를 끌면서 인스타그램에서도 릴스를 성공시키기 위해서 인스타그램 메뉴 하단 중앙에 릴스 아이콘을 배치했고, 검색 페이지 오른쪽 상단에도 고정으로 보이는 자리를 배치해 릴스 노출에 상당히 힘을 쓰고 있습니다. 이렇게 신규 기능이 나왔을 때 다른 사람보다 재빠르게 사용하는 것이 좋습니다. 릴스는 아직 경쟁이 심하지 않아서 팔로잉 콘텐츠보다 추천 콘텐츠가 알고리즘에 의해 많이 나타나므로 팔로워하지 않는 사람들에게 자신의 계정이 노출될 가능성이 높습니다.

인스타그램은 비디오부터 릴스까지 수익화 모델을 출시하려고 테스트 중이고, 향후 커머스와도 연동할 계획을 갖고 있으니 릴스를 주목할 필요가 있습니다.

**RECIPE** 릴스 만드는 법

### 1단계 **만들기에서 릴스 선택하기**

자신의 계정에서 오른쪽 상단 [+] 버튼을 탭하고 [릴스]를 선택합니다. 또는 홈 화면에서 화면을 오른쪽으로 스와이프하면 카메라 화면이 나오는데, 이때 하단의 메뉴를 스토리 옆의 [릴스]로 바꿔주면 됩니다.

**방법 1.** 오른쪽 상단의 [+] 버튼을 눌러 만들기에서 [릴스]를 선택

**방법 2.** 홈에서 화면을 오른쪽으로 스와이프하고, 비디오를 올릴 수 있는 화면이 나오면 하단의 메뉴에서 [릴스]를 선택

### 2단계 **길이와 크리에이티브 도구 선택하기**

음악 및 15초와 30초 중 원하는 비디오 길이를 선택하고, 창의성을 발휘해 릴스를 만들 수 있도록 효과, 타이머, 속도, 배치와 같은 다양한 도구에서 원하는 것을 고르세요.

왼쪽에 다양한 도구 아이콘
(음악, 타이머, 효과 등)이 있는 릴스 화면

149

### 3단계 릴스 촬영 또는 비디오 콘텐츠 불러오기

화면 하단에 있는 비디오 버튼을 눌러 촬영합니다. 촬영을 멈추려면 버튼을 한 번 더 누릅니다. 릴스는 여러 클립을 연달아 찍거나 한 번에 길게 촬영해 만들 수 있고, 갤러리에 있는 동영상을 업로드해 만들 수도 있습니다. 촬영을 마친 후에는 동영상으로 돌아가 클립을 다듬거나 이전 클립을 삭제할 수 있습니다. 또는 이미 제작된 비디오를 갤러리에서 불러올 수 있습니다.

### 4단계 릴스 게시하기

커버 이미지를 선택하고, 캡션이나 해시태그를 추가하세요. 피드에도 공유할지, 릴스 탭에서만 공개할지를 선택할 수 있습니다.

커버 이미지는 비디오 장면에서 선택하거나     설명 및 해시태그 등의 문구를 입력한 후
카메라 롤에 있는 사진으로 추가할 수 있음     피드에도 같이 공유할지를 선택하고 공유

릴스가 틱톡과 동일한 포맷이라고 해서 틱톡에서 만든 비디오를 그대로 올리는 것은 좋지 않습니다. TikTok 워터마크 또는 로고가 눈에 띄는 콘텐츠는 검색 가능성이 낮습니다. 릴스에 최적화된 독창적인 콘텐츠를 만드는 것이 가장 좋습니다. 필요한 경우 Snaptik 앱을 통해서 온라인 워터마크를 제거할 수 있습니다.

**TIP** 워터마크 없이 틱톡 비디오를 다운로드하는 방법

1. 휴대폰에서 TikTok 애플리케이션을 엽니다.

2. 다운로드할 비디오를 선택하세요.

3. 오른쪽 하단의 [Share] 버튼을 클릭하세요.

4. [Copy Link] 버튼을 클릭하세요.

5. SnapTik.App으로 돌아가서 다운로드 링크를 필드에 붙여넣은 다음 [Download] 버튼을 클릭하세요.

6. 서버가 작업을 수행할 때까지 기다린 다음 비디오를 디바이스에 저장하세요.

브랜드가 활용하면 좋을 릴스 아이디어를 소개합니다.

### 인스타그램 릴스 아이디어 #1 브랜드/제품의 '진정한 면'을 보여주기

실생활에서든 인스타그램에서든 사람들은 자신이 커뮤니티의 일원인 것처럼 느끼기를 좋아합니다. 그리고 소셜 미디어에서 커뮤니티를 구축할 때 팔로워가 브랜드의 친구라고 느끼도록 만드는 것이 중요합니다. 일반적으로 친구에게는 좋은 것과 나쁜 것을 모두 말합니다. 브랜드의 경우 브랜드 또는 제품의 실제 모습을 보여주는 릴을 공유하세요.

집에서 요리한 요리를 친근하게 보여주는 릴스 @the.housemal

The Housemal@the.housemal은 집에서 하는 요리 레시피를 직접 하면서 릴스로 간단하게 보여줍니다. 맛있고 쉽게 따라할 수 있는 요리를 친구에게 추천하듯이, 브랜드도 브랜드에 대한 경험을 자연스럽고 솔직하게 보여주는 것이 좋습니다.

### 인스타그램 릴스 아이디어 #2 비하인드 씬

커튼을 뒤로 젖히고 추종자들에게 비하인드 스토리 액션을 보여주세요. 사진작가든 양초를 판매하는 소규모 비즈니스든 상관없이 비하인드 스토리 릴을 만드는 것은 쉽고 효과적일 수 있습니다.

브랜드의 팬이라면 브랜드의 제품이 어떻게 만들어졌는지, 어떤 일이 일어나는지 궁금할 것입니다. prism coffee works@prismcoffeeworks에서는 커피숍의 바리스타들이 어떻게 소통하고 일하는지에 관한 비하인드 신을 릴스로 보여주면서 브랜드에 대한 관심을 이끌어냅니다.

카페의 카운터 뒤 바리스타들이 일하는 비하인드 신을 보여주는 릴스 비디오 @prismcoffeeworks

### 인스타그램 릴스 아이디어 #3 자기 소개 및 이야기 들려주기

창의력을 발휘할 때 자신이나 브랜드를 소개하는 릴을 만들고 해시태그를 잘 달아서 넣어주세요. 릴스는 검색 페이지에서 노출되기 때문에 새로운 팔로워에게 자신을 소개하고 퍼스널 브랜드 스토리를 공유할 수 있습니다.

쇼핑몰 29cm<sup>@29cm.official</sup>는 스탭들의 가방 속 제품을 소개하는 'What's in ___'s bag' 릴스 영상을 시리즈로 내보내면서 스탭들의 라이프스타일 소개와 함께 29cm에서 구매할 수 있는 제품도 자연스럽게 홍보하고 있습니다.

29cm MD의 가방 속 제품을 소개하는 'What's in ___'s bag' 릴스 시리즈 비디오 @29cm.official

### 인스타그램 릴스 아이디어 #4 비포 앤 에프터(before and after)

전후 동영상을 공유하는 것은 참여도를 높이는 좋은 방법입니다. 흥미로울 뿐만 아니라 시청하기에도 만족스러울 수 있습니다. 완벽한 릴을 위한 레시피입니다. 집 리모델링, 레시피, 헤어, 일러스트레이션 등으로 비포 앤 에프터 릴스를 만들 수 있습니다.

홈 인테리어 Before&Ater Design<sup>@beforeafter.design</sup>은 릴스 동영상으로 홈데코의 전후 변화 과정을 릴스로 보여줌으로써 어떤 식으로 인테리어를 손쉽게 변화할 수 있는지를 보여줍니다.

인테리어 전후의 모습을 보여주는 릴스 @beforeafter.design

**인스타그램 릴스 아이디어 #5 제안 팁과 요령**

아이디어가 부족한 경우 팁과 요령으로 시작하는 것이 좋습니다. 업종에 상관없이 누구나 사람들에게 도움이 되는 정보를 가지고 있습니다. 스타일링 및 뷰티 팁이든, 사진 편집 기술이든, 창의적인 옵션은 무한합니다.

그래픽 디자이너 BETTY의 폰트 제안 릴스 @designedbybetty

디자이너 BETTY@designedbybetty는 꽃을 들고 있는 비디오 위에 어울리는 폰트를 배치했을 때 어떤 느낌인지 보여주는 릴스 비디오를 공유했습니다. 자신의 작업 스타일과 팁을 보여주면서 보는 재미도 있는 굉장히 좋은 릴스 콘텐츠입니다.

어떻습니까? 릴스를 어떻게 제작해야 할지 감이 오시나요? 여러분도 갖고 있는 노하우를 릴스로 한번 만들어보세요.

**TIP** 스토리보드 워크북

릴스의 스토리텔링 기획을 위한 스토리보드 양식은 부록(p.272)에 있으니 기획하는 데 참고하세요. 스토리보드 워크북은 이 책의 홈페이지(https://wikibook.co.kr/instagram-branding) – [관련 자료] 탭에서도 내려받을 수 있습니다.

## 07 _ 가이드 기획하기

인스타그램은 기존에 올렸던 여러 가지 게시물을 선별해서 한 페이지에 모아 스크롤하면서 콘텐츠를 볼 수 있는 새로운 마이크로 블로그 형식인 인스타그램 가이드를 출시했습니다. 이 새로운 기능은 유용한 권장 사항과 도움말을 쉽게 요약할 수 있는 형식으로 공유하고 사용하게 해줍니다.

가이드는 인스타그램에서 콘텐츠를 공유하고 소비하는 새로운 방법입니다. 이를 통해 사용자는 설명과 함께 선별된 게시물의 흐름을 따를 수 있습니다. 이는 단계별 가이드, 팁 및 권장 사항에 적합합니다.

먼저, 가이드를 만들려면 프로필 페이지의 오른쪽 상단에 있는 [+] 아이콘을 탭하고 [가이드]를 선택합니다.

[+] 만들기에서 가이드 선택

여기에서 3가지 가이드 형식 중에서 선택할 수 있습니다.

- **[장소]**: 귀하의 도시와 그 너머의 장소를 추천합니다.
- **[제품]**: 좋아하는 제품을 추천합니다.
- **[게시물]**: 작성하거나 저장한 게시물을 추천합니다.

가이드 유형 선택 페이지 – 장소, 제품, 게시물

각 형식은 제작자의 요구에 맞게 설계되었습니다.

- 첫째, [장소]는 도시 가이드에서 레스토랑 및 카페에 이르기까지 위치 기반 추천을 공유하는 데 적합합니다.

- 둘째, [제품]은 '인스타그램 샵에서 제공되는 제품을 선별하는 데만 사용할 수 있습니다. 이것은 인스타그램에서 쇼핑 가능한 제품에 추가 컨텍스트 또는 설명을 추가하려는 브랜드 또는 비즈니스를 위한 훌륭한 도구입니다. 또한 모든 사람(인플루언서 및 브랜드 앰배서더 포함)이 도구를 사용하여 추천 제품 목록을 큐레이팅할 수 있으므로 인플루언서 파트너십을 위한 새로운 기회가 열립니다.

- 셋째, [게시물]은 사용자 지정 헤드라인 및 해설과 함께 사용자가 포스트한 인스타그램 게시물을 큐레이팅하는 데 사용할 수 있습니다. 이것은 영감을 공유하고, 이야기를 전달하고, 조언이나 지침을 제공하는 데 사용할 수 있는 정말 다재 다능한 형식입니다.

인스타그램 가이드에 접근하려면 프로필 페이지의 탭에서 책 모양의 가이드 아이콘을 선택하세요. 가이드를 만들면 프로필 페이지에서 자동으로 가이드 탭이 생성되며, 이곳에서 가이드만 모아서 볼 수 있습니다. 여기에서 제작자가 공유한 모든 가이드를 볼 수 있습니다.

프로필에서 [가이드] 탭을 선택한 화면

가이드는 화면 오른쪽 상단 모서리에 있는 종이비행기 아이콘을 탭 하여 인스타그램 스토리 또는 다른 사용자와 쉽게 공유할 수 있습니다.

'공유하기' 아이콘을 눌러서 스토리에 가이드를 공유한 모습

인스타그램 가이드는 피드 게시물 콘텐츠 여러 개를 하나의 가이드에 모아서 큐레이팅할 수 있게 하는 새로운 방법을 제공합니다. 한 가지 주제에 관련된 게시물을 모아서보여줄 수도 있고, 시리즈로 이어지는 콘텐츠를 순서대로 배치해 재미있고 생생한 이야기로 설득력 있게 전달할 수도 있고, 블로그처럼 제품을 설명한 후 그 아래의 SHOP제품 링크를 연결시켜 전자상거래 기회를 열어줍니다.

가이드는 커버 이미지와 제목을 달고 캡션을 추가하면서 블로그처럼 작성할 수 있습니다. 다음 화면처럼 '인스타그램에서 브랜딩하는 법'과 '콘텐츠 기획하는 법'의 게시물을하나의 가이드로 묶어서 볼 수 있습니다.

두 개의 게시물을 하나의 가이드에 추가한 화면

인스타그램이 이러한 마이크로 블로그인 가이드 기능을 만듦으로써, 그동안 단편적인 콘텐츠만 올리는 것이 답답했던 사람에게는 콘텐츠를 좀 더 다양하게 제공할 수 있는 길이 열렸습니다.

인스타그램에서는 점점 더 긴 캡션이 대세가 되고 있습니다. Fohr[16]는 2016년 이후 평균 캡션 길이가 두 배 이상 증가했다고 보고했습니다. 긴 형식의 캡션은 커뮤니티가 콘텐츠를 읽고 참여하는 데 더 많은 시간을 할애함을 의미할 뿐만 아니라 댓글을 남기고 자신의 이야기를 공유하도록 장려합니다.

가이드는 커뮤니티 교육, 권장 사항 공유 및 미니 블로그로 사용할 수 있으니 이 새로운 기능을 한 번 사용해 보기 바랍니다.

---

16  미국 뉴욕 소재 인플루언서 전문 마케팅 에이전시

## 08 _ 샵 콘텐츠 기획하기

샵 콘텐츠Shop contents란 구매를 일으킬 수 있는 상업성 콘텐츠입니다. 제품을 홍보하는 것을 물론이고, 바로 살 수 있는 곳까지 안내해주는 콘텐츠로, 최근에는 라이브 콘텐츠도 이에 해당합니다.

인스타그램 쇼핑몰을 운영하면서 제품 판매 목적으로 사용하는 사람들은 특히 샵 콘텐츠 제작에 관심이 많을 거라고 생각합니다. 다행스럽게도 샵 콘텐츠용으로 별도로 콘텐츠를 제작하지 않아도 됩니다. 인스타그램에 있는 피드 게시물, 비디오, 가이드 등의 콘텐츠 기능이 모두 샵으로 연결될 수 있기 때문입니다.

인스타그램의 리서치에 의하면 제품 발견을 위해 인스타그램을 찾는 쇼핑 매니아의 비율이 70%이며, 구매 시 인플루언서의 영향을 받는다고 답한 사람의 비율이 87%에 달한다고 합니다. 이제 사람들이 새로운 제품을 발견하고 구매하기 위해 인스타그램을 방문한다고 해도 과언이 아닙니다. [17]

제품 관련 콘텐츠만 잘 만든다면 쇼핑을 위한 콘텐츠로 활용이 가능하니 콘텐츠의 중요성이 점점 더 높아집니다. 인스타그램에서 콘텐츠와 샵이 어떻게 연결되는지를 먼저 살펴보고 콘텐츠를 어떻게 구성하면 좋을지 생각해보세요.

### 샵Shop 페이지 구성 살펴보기

샵 페이지는 인스타그램 하단 메뉴에서 장바구니 아이콘을 클릭하면 자신이 팔로잉한 계정의 취향을 반영한 샵 콘텐츠를 확인할 수 있습니다. 그리고 상단의 세부 메뉴인 Shop, 에디터 추천, 컬렉션, 가이드, 동영상에서 형태별로 볼 수도 있습니다.

### Shop

먼저 첫 번째 세부 메뉴인 Shop에 들어가면 내가 팔로우하는 Shop 계정이 먼저 추천되고, 그 밑으로 '회원님을 위한 Shop'에 나의 취향을 반영한 샵을 추천해줍니다.

---

17 출처: https://business.instagram.com/shopping

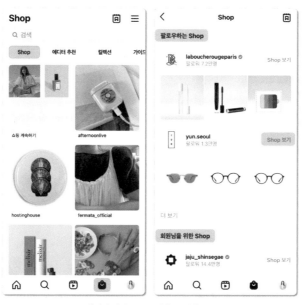

Shop 페이지에서 Shop 탭을 눌렀을 때의 화면

팔로우하는 Shop 중에서 [Shop 보기]를 누르면 해당 쇼핑몰 페이지에 들어간 것과 같은 경험을 얻을 수 있습니다. 각 제품에 대해서 상세한 설명을 보고 구매하는 페이지로 이동할 수 있습니다.

Shop에서 [제품 보기] 화면  @yun.seoul

## 에디터 추천

[에디터 추천]은 인스타그램의 에디터가 여러 제품 중 테마나 트렌드별로 묶어서 쇼핑할 수 있도록 추천하는 샵 페이지입니다. 아직은 미국 샵 중심으로만 큐레이션 되어 있습니다.

Shop 메인 페이지에서 [에디터 추천] 탭을 선택하면 인스타그램 에디터가 추천하는 트렌드가 큰 섬네일로 제시됩니다. 그중 두 번째 게시물 '#Trending: Terrazzo'를 클릭하면 여러 쇼핑몰 제품 중 Terrazzo 패턴의 다양한 제품을 모아서 보여줍니다.

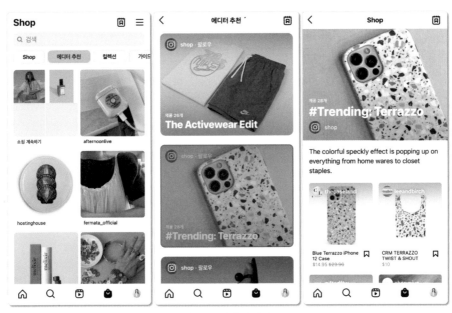

[에디터 추천] 탭 화면

## 컬렉션

세 번째 탭 메뉴 [컬렉션]은 자신이 저장한 제품으로 구성한 페이지입니다. 마음에 드는 샵에서 제품을 저장하면 제품이 위시리스트에 담기고 위시리스트를 자신만의 맞춤 Shop으로 만들 수 있습니다.

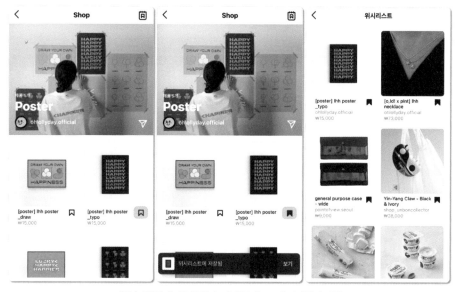

제품 [저장하기] 아이콘을 눌러 위시리스트에 저장할 수 있음

## 가이드

네 번째 탭 메뉴에는 [가이드]가 있습니다. 가이드는 미니 블로그 같은 콘텐츠라고 앞에서 설명했습니다.

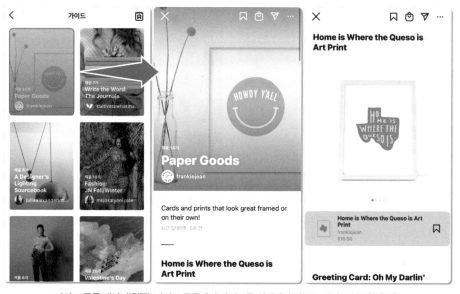

가이드 목록 페이지(왼쪽), 가이드 목록에서 가이드를 선택하면 나오는 가이드 본문(가운데),
슬라이드 게시물 밑에 샵 가격 정보 및 링크를 연결(오른쪽)  @frankiejean

163

블로그에 콘텐츠를 올리듯이 상품에 대해 긴 설명을 제시하고 바로 밑에 샵을 추가해서 보여주는 방식을 취할 수 있습니다. 한 가지 주제에 대해 연관된 여러 상품과 구매 정보를 같이 알려주는 콘텐츠 커머스를 하려고 할 때는 가이드가 유용하니 샵을 운영하는 분들은 사용을 고려해 보기 바랍니다. 가이드 메인 화면에서 보고 싶은 가이드를 선택하면 여러 제품 사진과 샵 정보를 한 페이지에서 볼 수 있습니다.

## 동영상

다섯 번째 탭 메뉴는 [동영상]입니다. 동영상은 상품에 대해 더 자세한 설명이 필요하거나 시연하여 보여줄 때 효과가 커서 커머스 콘텐츠에는 꼭 필요한 포맷입니다.

패션플랫폼 WCONCEPT@wconceptkorea는 라이브 방송으로 진행한 '브랜드 사담' 시리즈를 비디오 게시물로도 올리고 있는데, 이 비디오가 Shop의 동영상 코너에도 활용될 수 있습니다.

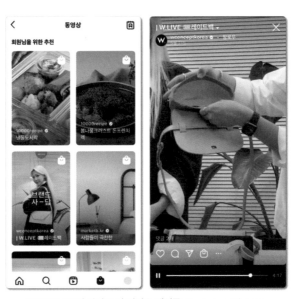

WCONCEPT의 라이브 및 비디오 게시물 @wconceptkorea

마켓비 TV@marketb.kr의 비디오 하단을 보면 샵으로 연결되는 장바구니 모양의 [샵] 아이콘이 있습니다. 이 [샵] 아이콘을 클릭하면 쇼핑몰 페이지로 연결됩니다. 방문자가 이 비디오를 보고 마음에 들어 하면 구매로 이어집니다.

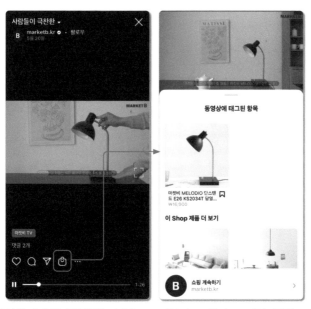

마켓비 비디오의 샵 아이콘을 클릭(왼쪽), 마켓비 shop 제품 리스트 화면으로 이동(오른쪽) @marketb.kr

## 샵 기능 만들어보기

인스타그램에서는 쇼핑몰 샵<sup>Shop</sup>을 비용을 들이지 않고 간단히 만들 수 있습니다. 인스타그램의 샵은 모회사인 페이스북<sup>Facebook</sup>의 시스템을 이용하기 때문에 샵을 만들려면 페이스북 페이지와 연결시켜 페이스북 상거래 관리자 시스템에서 추가해야 합니다.

**RECIPE** 인스타그램 샵 설정하는 방법

**1단계 자격 확인**

인스타그램 샵을 설정하려면 몇 가지 요건이 필요합니다. 물론 팔 수 있는 적격한 제품이 있어야 하고, 판매하는 쇼핑몰 웹사이트 도메인을 소유하고 있어야 합니다. 도메인은 store.example.com과 같은 하위 도메인이 아니라 example.com과 같이 구매한 단독 도메인이어야 합니다.

**2단계 비즈니스 또는 크리에이터 계정으로 전환**

샵을 설정하려면 비즈니스 또는 크리에이터 계정이 있어야 합니다. 계정 설정은 인스타그램 프로필 페이지에서 상단의 [설정]을 탭하고, [계정]을 선택해서 [프로페셔널 계정으로 전환] 메뉴에서 할 수 있습니다.

### 3단계 페이스북 페이지 연결

페이스북 기능을 사용하기 위해서 페이스북의 페이지[Page]로 연결해야 합니다. 페이지가 없다면 페이스북에 로그인해서 페이지 만들기를 합니다. 그리고 인스타그램 프로필 페이지에서 [프로필 편집]을 선택하고 프로필 정보 아래 페이지에서 페이스북의 페이지를 연결합니다. 페이지가 없는 경우 [Facebook 페이지 만들기]를 선택합니다.[18]

---

**18** 페이스북 페이지를 연결하는 다른 방법은 페이스북에서 페이지를 만든 후 인스타그램에서 [기존 페이지 연결]을 선택하는 것입니다. 연결이 잘 안 될 경우 페이스북 앱을 연 다음 인스타그램 연결 화면을 확인해주세요. 그리고 다시 인스타그램으로 돌아와 페이지를 연결해주세요.

## 4단계 제품 카탈로그 만들기

인스타그램 샵을 사용하려면 제품 목록인 카탈로그를 만들어야 합니다. 새 카탈로그를 만드는 과정은
다음과 같습니다.

1. 페이스북 커머스 관리자<sup>business.facebook.com/commerce</sup>로 이동합니다.

2. [+ 카탈로그 추가]를 선택합니다.

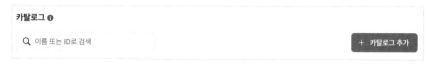

[+카탈로그 추가] 버튼이 있는 상거래 관리자 페이지

3. 카탈로그 유형을 선택하고 [다음]을 클릭합니다.

카탈로그 유형 선택 페이지

4. [전자상거래(제품)]를 선택한 경우 카탈로그에 상품을 추가할 방법을 선택합니다. 상거래 관리자에
   서 상품을 직접 추가하려면 [제품 정보 업로드]를 선택합니다.

카탈로그 설정 구성 페이지

5. 카탈로그 소유자는 비즈니스 관리자 계정을 선택하고 카탈로그 이름을 입력한 후, [만들기]를 클릭합니다.

6. 이렇게 하면 새로운 카탈로그가 만들어집니다.

카탈로그 생성 마침 페이지

## 5단계 **계정 검토**

제품 카탈로그를 인스타그램에 연결했으면 이 계정에 대해 인스타그램으로부터 샵 인증을 받아야 합니다. 먼저 인스타그램 프로필 페이지의 오른쪽 상단 메뉴 아이콘을 누르고 [설정]을 선택하세요.

프로필 페이지에서 [설정] 메뉴에 들어가기

비즈니스 계정인 경우 [비즈니스] 메뉴, 크리에이터 계정인 경우 [크리에이터] 메뉴를 선택하세요. [Instagram 쇼핑 기능 설정]을 선택하고 [시작하기]를 선택하세요. 이 곳에서 쇼핑몰 단독 도메인 및 샵 승인을 위한 항목을 넣으세요. 계정 검토에는 일반적으로 며칠이 소요될 수 있습니다.

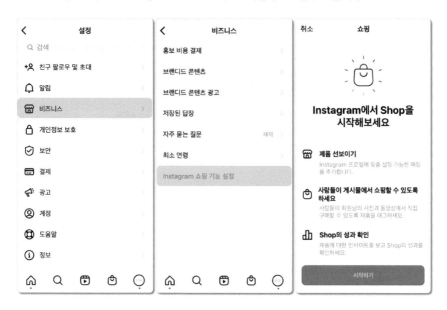

## 6단계

계정이 승인되면 쇼핑 기능을 활성화할 수 있습니다. 인스타그램 프로필 페이지의 메뉴 아이콘을 탭하고 [설정]을 선택하세요. [비즈니스] 또는 [크리에이터]를 누른 다음, [쇼핑]을 누릅니다. 계정에 연결할 [제품 카탈로그]를 선택하고 완료를 선택합니다. 이렇게 하면 인스타그램 샵이 인스타그램 프로필 페이지에 자동으로 표시됩니다. 샵을 만들고 제품 등록을 마치면 이제 다양한 콘텐츠를 제품 태그를 이용하여 연결할 수 있습니다.

## 제품 태그 게시물 만들기

인스타그램 콘텐츠에서는 링크 기능이 없습니다. 어떤 제품사진을 보고 구매하고 싶다면 프로필 페이지의 쇼핑몰 웹사이트 링크를 클릭하고 그 홈페이지에서 제품을 또 찾아야 합니다. 인스타그랩 샵 승인을 받은 계정은 '제품 태그'를 이용해서 좀더 손쉽게 샵페이지와 연결할 수 있습니다. 샵 승인을 받지 못한 사람은 게시물을 올릴 때 '사람 태그'만 올릴 수 있습니다. 올릴 사진을 선택하고 [사람 태그하기]를 하면 브랜드 계정의 프로필 페이지와 연결할 수 있습니다.

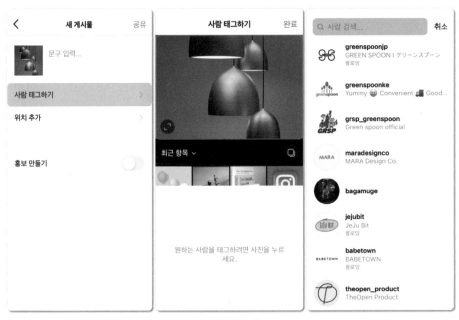

[사람 태그하기]

그런데 '제품 태그'를 하면 제품의 상세 페이지로 바로 연결할 수 있습니다. '제품 태그' 방법은 기존과 같이 게시물을 만들 때 계정의 [+]버튼을 눌러 게시물을 선택합니다. 올릴 사진을 선택한 [다음]을 탭 하면 샵을 가진 계정의 경우 [제품 태그하기] 메뉴가 나타납니다. 태그할 제품을 등록한 카탈로그에서 검색해서 선택한 후 [완료] 한 후 [공유]를 누릅니다.

[제품 태그하기] 화면

제품 태그는 스토리와 피드 등 인스타그램의 모든 콘텐츠와 연결 가능합니다. 피드에서는 왼쪽 하단에 제품 태그 아이콘이 제시되고, 스토리에서는 제품 태그 스티커로 샵으로 연결할 수 있습니다.

제품 태그 한 아이콘을 방문자가 누르게 만들려면 게시물의 해당 제품을 눈에 띄게 소개하여 제품에 대해 더 알고 싶게끔 해야 합니다.

편집샵 앙봉꼴렉터@unboncollector.store의 게시물에는 예쁜 핸드폰 케이스에 포커싱된 사진이 있습니다. 캡션에는 할인 판매에 대한 이야기가 있습니다. 그러면 이 제품이 얼마에 할인되어 판매되는지 궁금해서 왼쪽 하단 [제품 보기] 아이콘을 탭할 수 있습니다. [제품 보기] 아이콘을 탭하면 샵에서 사진에 태그된 항목이 보이고 그 항목 페이지에서 원하는 제품을 누르면 구매할 수 있는 웹사이트로 가는 [웹사이트에서 보기]가 뜹니다. 이때 쇼핑몰 웹사이트로 넘어가서 제품 정보를 더 살펴보고 구매할 수 있습니다.

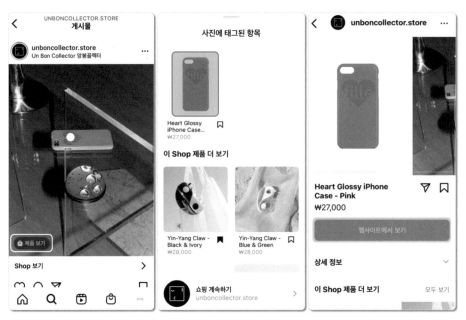

게시물의 '제품 보기'부터 웹사이트로 연결되는 과정 @unboncollector.store

웹사이트로 넘어가지 않고 인스타그램 내에서 결제까지 하는 것은 현재 미국에서만 가능합니다. 인스타그램은 쇼핑 기능을 단계적으로 확장해 나가기 때문에 미국에서의 테스트가 완료되면 곧 국내에도 이 기능이 도입될 것입니다. 그때는 제품을 보고 바로 결제할 수 있어 구매 결제율을 더 높일 수 있기 때문에 지금부터 미리 샵을 마련하고 콘텐츠와 함께 홍보해서 팬 확보 및 샵 기능에 익숙해지는 것이 향후 인스타그램 내 결제 기능 도입 시 비즈니스에 유리할 것입니다.

제품 태그의 광고를 만드는 것도 피드와 동일합니다. 피드의 게시물이나 스토리에 제품 태그된 콘텐츠를 올릴 수 있기 때문에 이 콘텐츠를 광고 소스로 활용하면 쇼핑 가능한 게시물을 적극적으로 타겟 유저에게 홍보하고 쇼핑몰 페이지에 더 많은 유저가 도달하게 만들 수 있습니다.

가방 브랜드 L/UNIFORM[@l.uniform]은 제품이 태그된 스토리를 광고로 사용했습니다. 게시물에 제품이 태그된 아이콘을 탭하면 [제품 보기] 팝업 메뉴가 뜹니다. [제품 보기]를 탭하면 [웹사이트에서 보기] 버튼이 있는 페이지가 뜨며, 이 버튼을 누르면 제품을 구매할 수 있는 웹사이트로 연결됩니다.

제품이 태그된 l.uniform 스토리 광고. 제품 태그로 웹사이트를 방문할 수 있음 @l.uniform

제품 태그 말고도 쇼핑과 관련된 다른 기능을 활용해서 제품을 홍보할 수 있습니다. 스토리의 [카운트다운] 스티커를 써서 제품 출시일이나 라이브 방송 날짜를 공지할 수 있습니다. 또한, 라이브 방송은 제품을 판매하고 실시간으로 사람들과 더욱 돈독한 관계를 맺도록 새로운 채널을 열어줍니다.

뷰티브랜드 BEAUTY PIE@beautypie의 CEO 마샤 킬고어Marcia Kilgore는 라이브 방송을 통해서 집에서 잘 쓰고 선물하기 좋은 아이템을 팔로워에게 소개합니다. 마치 화상통화를 하는 것처럼 팬들은 CEO에게 제품 가격을 물어보는 등 대화하고 이런 경험을 통해서 브랜드에 더욱 친밀감을 느낄 수 있습니다.

[카운트다운]스티커를 사용한 스토리 　 스토리 라이브 방송의 한 장면
@freshmestudio 　　　　　　　　　 @beautypie

## 09 _ 광고/브랜디드 콘텐츠 기획하기

새로운 잠재고객에게 브랜드를 알리는 가장 효과적인 방법은 인스타그램 광고를 실행하는 것입니다. 인스타그램을 비즈니스용으로 사용한다면 어느 정도 홍보 마케팅 예산을 책정하여 인스타그램 유료 광고를 집행하는 것이 좋습니다. 광고 집행을 위해서는 광고 콘텐츠가 필요합니다. 비즈니스 목표 달성을 위해 효과적인 광고 콘텐츠를 어떻게 기획하고 만들어야 하는지에 대해 알아보겠습니다.

### 광고 콘텐츠 기획

광고 콘텐츠는 인스타그램 광고를 할 때 브랜드가 직접 제작한 광고 소스를 말합니다. 인스타그램 광고는 일반 콘텐츠와 구분할 수 있게 계정 밑에 'Sponsored'라고 간단히 광고 표기가 되어 있을 뿐, 나머지는 일반 피드와 거의 같은 형태로 되어 있습니다. 그렇기 때문에 눈에 띄는 광고를 만들려고 하기보다는 피드에서 튀지 않고 조화를 이룰 수 있는 콘텐츠를 만드는 것이 필요합니다. 사람들은 광고보다는 친구나 팔로우하는 사람들의 콘텐츠를 좋아합니다. 이렇게 사용자가 선호하는 콘텐츠보다 광고가 눈에 띄어서 '이것이 광고다'라고 인식되면 사용자는 이 광고에 주목하기보다 오히려 해당 콘텐츠를 빨리 스크롤 해서 건너 뛰고 싶어 합니다.

사람들이 인스타그램에서 선호하는 콘텐츠 유형을 파악해야 합니다. 대부분 인스타그램 사용자는 사진이 퀄리티 있고 사진 위에 텍스트를 거의 사용하지 않고 캡션과 해시태그로 소통하는 콘텐츠를 좋아합니다. 여러분의 광고도 이와 같아야 합니다.

또한, 인스타그램 사용자는 멋진 시각적 이미지에 스토리가 있는 콘텐츠를 피드에서 스크롤하면서 보고 싶어 합니다. 스토리가 여러 장의 사진을 넘겨보는 슬라이드로 제시되든 짧은 비디오로 구성되든 스토리텔링은 인스타그램 콘텐츠 마케팅의 매력입니다. 효과적인 인스타그램 광고는 스토리를 전달해야 합니다. 누구나 좋은 이야기를 좋아하고, 사람들은 자신을 감정적으로 끌어들이는 이야기에 가장 잘 반응합니다. 어떤 면에서는 사진이 말보다 더 효과적일 수 있으므로 인스타그램은 브랜드 스토리를 전달하기에 좋은 플랫폼입니다.

## 광고 유형 #1 단일 광고 - 사진

단일 광고는 사진 1장 또는 비디오 1개를 보여주는 광고 형식을 말합니다.

쑥라테 선식을 제공하는 구수인@goosoo_in의 광고를 보면 일반 피드 게시물 그대로 '홍보하기'를 한 것입니다. 인스타그램에서는 기존 콘텐츠를 활용하여 쉽게 광고할 수 있고, 보는 사람도 부담 없이 광고를 콘텐츠로 받아들일 수 있습니다. 대신 광고를 하면 타겟 맞춤형으로 더 많은 잠재고객에게 노출될 수 있다는 장점이 있습니다.

젤네일 오호라@ohora_lab의 광고는 광고 소스로 촬영된 사진이지만, 네일을 한 손 뒤로 옷이 자연스럽게 어지럽혀 있는 콘셉트로 일반인이 자연스럽게 찍은 것처럼 연출되어 있습니다. 인스타그램에서는 이렇게 친구가 올린 듯한 일반 피드와 크게 다르지 않은 콘텐츠를 선호하기 때문에 광고도 그에 맞게 제작되는 것입니다.

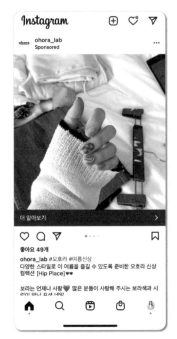

구수인의 사진형 단일 광고 @goosoo_in    오호라 젤네일 사진형 단일 광고 @ohora_lab

인스타그램에서는 텍스트 없이 주목도 높은 사진 한 장만 가지고 광고를 할 수도 있습니다. 이런 광고가 더 자연스럽고 호감도가 높습니다. 하지만 이미지 위에 텍스트를 얹는다면 개인적으로 텍스트의 비중이 전체의 20%만 차지하는 것을 추천합니다. 욕심을 내서 이것저것 내용을 넣다 보면 이미지가 복잡해집니다. 인스타그램의 사용 경험을 생각해봤을 때 피드를 스크롤하면서 눈에 띄는 사진에 눈길이 머무르지, 복잡한 이미지 사진에는 좀처럼 눈길이 머무르지 않기 때문입니다.

패션 브랜드 빔바이롤라@bimbaylola는 이미지에 로고 외에 sale 40%라는 텍스트만 넣었습니다. 그것만으로도 이 광고에서 말하고자 하는 세일이라는 메시지는 충분히 전달됩니다.

비건뷰티브랜드 멜릭서@melixirskincare_kr는 이미지와 어울리는 주요 캠페인 메시지 한 문장을 이미지에 배치했습니다. 이 캠페인에 대해서 관심이 있다면 [더 알아보기]를 클릭하면 됩니다. 중요한 것은 더 알아보고자 하는 마음이 들도록 이미지가 눈에 들어오게 아름다워야 합니다.

이메일 마케팅 서비스 스티비@stibeemail도 전달하고자 하는 핵심 내용으로 새로운 뉴스레
터 템플릿이 많다는 것을 한 장의 이미지에 잘 담아 전달하고 있습니다.

빔바이롤라의 세일을 알리는 단일 광고 @bimbaylola

멜릭서의 용기 재활용 캠페인의 단일 광고 @melixirskincare_kr

스티비의 새로운 뉴스레터 템플릿 홍보를 위한 단일 광고 @stibeemail

라이프해킹스쿨@lifehacking.school은 그라데이션 배경에 텍스트 한 문장만 담아도 호기심을
이끄는 광고를 만들었습니다. 이에 대한 부가적인 내용은 캡션 영역에 넣어도 되고, 더
알아보기를 클릭했을 때 볼 수 있게 하면 됩니다.

식단 관리 눔@noom.official도 7일간 써보고 결정할 수 있다는 안심 메시지와 함께 내용을
편안히 알아보게끔 유도했습니다. 복잡하고 멋진 사진 없이도 메시지만 분명하면 고
객을 유치할 수 있는 광고를 간단히 만들 수 있습니다. 대신 텍스트는 한 문장으로 표
현해주세요.

라이프해킹스쿨 단일 광고
@lifehacking.school

눔의 단일 광고
@noom.official

## 광고 유형 #2 단일 광고 – 비디오

비디오 단일 광고는 1분 이내에 비디오가 플레이 되므로 많은 이미지 프레임이 보여지기 때문에 좀 더 할 이야기가 많다면 비디오를 제작해서 올리는 것이 좋습니다. 그래서 비디오 광고를 만들 때는 그 안의 스토리를 기획해서 넣어야 합니다.

스토리텔링 비디오를 기획할 때는 크게 '도입 – 중간 – 결과'를 생각하면서 짭니다. 도입 부분에서 문제 제기를 하고, 중간 부분에 갈등을 보여주며, 마지막으로 최종 솔루션을 제시하며 결론을 맺습니다.

핸드 워시 제품을 홍보하는 리튼온워터@written.on.water는 우리가 일상에서 얼마나 많이 손을 사용하고 있고, 손을 씻는 것이 왜 필요한지를 보여주면서 핸드워시 제품을 보여주고 스토리텔링이 가미된 비디오 광고를 합니다.

리튼온워터의 비디오 광고 @written.on.water

피드에 비디오를 올릴 때는 1:1 정사각형, 16:9 가로형, 5:4 세로형 비디오를 올릴 수 있습니다. 비디오 단일 광고를 올릴 때도 이 피드의 법칙을 그대로 따릅니다.

스파클링워터 몽베스트@montbest는 5:4 비율의 인스타그램 전용 비디오 광고를 제작해서 올렸습니다. 세로형 비디오는 스마트폰 화면을 거의 다 활용하기 때문에 다른 브랜드가 시야에 들어오는 방해 없이 오로지 몽베스트 콘텐츠에 좀 더 집중하게 만드는 장점이 있습니다. 몽베스트는 스토리보다는 탄산수의 청량감을 나타내는 다양한 이미지를 보여주는 것에 초점을 두었고, 세로로 긴 화면을 이분, 삼분으로 분할 편집하여 제품을 다채롭게 보여주고 있습니다.

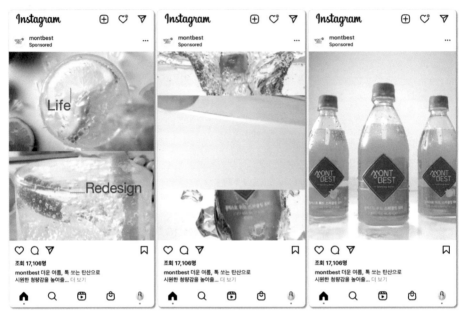

몽베스트의 5:4 세로 비율 비디오 광고 @montbest

## 광고 유형 #3 슬라이드 광고

단일 광고와 같은 포맷이지만, 여러 제품을 보여주고 싶을 때는 슬라이드 광고를 이용하면 됩니다.

삭스타즈@sockstaz는 슬라이드 광고를 이용하여 여러 종류의 양말을 콘셉트별로 각각 캡션으로 설명하면서 홍보하고 있습니다.

삭스타즈의 슬라이드 광고 @sockstaz

## 광고 유형 #4 SHOP (컬렉션/제품 태그)

SHOP과 연결된 광고는 컬렉션과 제품 태그형이 있습니다.

컬렉션형은 4가지 이미지를 정해진 콜라주 형식으로 한 피드 안에서 보여주는 것입니다. 슬라이드와 다르게 단일 광고형이지만, 4가지 이미지를 넘기지 않고 한 번에 보여준다는 장점이 있습니다. 하지만 4가지 이미지를 보여주기 때문에 각각의 이미지가 심플하고 복잡하지 않아야 피드에서 보일 때 보기가 좋습니다.

뷰티브랜드 쿠오카@kuoca.official는 텍스트 없이 동영상과 제품에 대한 이미지를 4가지 컬렉션 영역에 깔끔하게 표현했습니다. 컬렉션 영역은 이미 4칸으로 나뉘어져 있어 복잡하므로 가급적 텍스트가 없는 이미지만으로 심플하게 배치하는 것이 브랜드 미학을 더 살려줍니다.

쿠오카의 컬렉션 광고 @kuoca.official

사용자가 제품을 보고 최대한 구매 페이지로 접근하게 만들려면 제품 태그형 광고를 사용하는 게 좋습니다. 비건뷰티브랜드 베이지크@beigic_official는 여러개의 제품을 진열한 컷을 놓고 각각 제품에 태그를 넣었습니다. 하얀 점을 클릭하면 제품명을 더 자세히 알 수 있고, 클릭하면 구매할 수 있는 쇼핑몰 페이지로 이동할 수 있습니다.

베이지크의 제품 태그형 게시물 @beigic_official

제품 태그형 사진은 제품에 대한 호기심을 일으킬 수 있는 컷으로 하는 것이 효과적입니다. 이렇게 제작된 게시물을 광고로도 그대로 사용할 수 있습니다.

### 광고 유형 #5 스토리 광고(설문 스티커/비디오)

스토리는 모바일폰에서 디스플레이 영역을 다 활용할 수 있기 때문에 몰입도가 좋습니다. 이미 스토리 콘텐츠로 광고가 될 만한 비주얼이 좋은 콘텐츠를 올리고 있기 때문에 스토리 콘텐츠를 광고로 바로 활용하기가 좋습니다.

특히 스토리의 스티커를 이용해서 광고를 본 사람들이 참여하게 만들고, 피드백을 받을 수 있습니다. 뷰티브랜드 베이지크@beigic_official는 제품에 대한 선호도를 슬라이더로 받을 수 있고, 커피 브루잉 브랜드 브루 메소드@brewmethods도 브루잉 머신에 대한 관심도를 알아보면서 광고에 호기심을 갖게 만드는 광고를 스토리를 통해 하고 있습니다.

슬라이더를 이용한 베이지크의
스토리 @beigic_official

yes/no 질문 스티커를 이용한
브루메소드의 스토리 @brewmethods

인스타그램 광고는 피드 콘텐츠를 보는 데 방해되지 않으면서 스크롤하면서 보기 때문에 조회율이 높고 사용자들에게 크게 거부감이 들지 않습니다. 전달하고자 하는 스토리를 시각적 요소에 잘 담았다면 인스타그램 광고의 효율은 좋을 확률이 높습니다. 인스타그램 광고의 인기는 점점 높아지고 있습니다.

광고하는 데는 목적이 있을 겁니다. 가장 원하는 목표에 초점을 맞추세요. 프로필 방문을 유도해서 브랜드 인지도를 높일 것인지, 웹사이트 방문이나 제품 구매를 높일 것인지 등 목적을 먼저 생각하고 그것을 위한 광고 유형을 정한 후 콘텐츠를 기획하세요.

## 브랜디드 콘텐츠 기획

인스타그램 사용자는 브랜드가 직접 만든 콘텐츠보다 다른 지인이 만든 콘텐츠를 선호하는 경향이 있습니다. 그래서 UGC도 홍보용으로 많이 활용하는데, 이 콘텐츠를 영향력이 높은 크리에이터가 제작하면 어떨까요? 파급력이 훨씬 더 클 수 있겠죠! 크리에이터가 광고용으로 브랜드 콘텐츠를 제작한 것을 '브랜디드 콘텐츠'라고 합니다.

크리에이터가 브랜디드 콘텐츠를 올릴 때 광고임을 밝히는 것이 중요합니다. 인스타그램은 브랜디드 콘텐츠를 표시할 수 있는 '협찬 광고 레이블' 기능을 제공합니다.

이 기능을 사용하려면, 먼저 브랜드 파트너의 승인을 받아야 합니다.

> **RECIPE** 협찬 광고 레이블 브랜드 파트너 승인 받는 방법

1. 승인 요청 과정은 프로필 페이지 오른쪽 상단의 메뉴로 들어가서 [설정]을 탭한 후, [비즈니스] 또는 [크리에이터] 메뉴를 탭합니다.

2. [브랜디드 콘텐츠]에 들어가서 [브랜드 파트너의 승인 요청] 기능을 선택합니다.

3. 승인 요청 페이지에서 승인할 브랜드 계정을 검색해서 [요청] 버튼을 누르면 요청됩니다.

협찬 광고 레이블 승인 요청 프로세스

**RECIPE**  게시물에 협찬 광고 레이블 넣는 방법

1. 브랜드가 협찬 광고 레이블 요청을 승인하면 크리에이터는 게시물 콘텐츠를 제작해서 올린 후 게시물 오른쪽 상단의 [⋯] 메뉴를 탭하고 [수정]을 선택합니다.

2. 정보 수정 화면에서 계정명 아래에 [협찬 광고 레이블 추가]를 탭합니다.

3. [협찬 광고 레이블 추가] 기능을 선택하고 하단의 [브랜드 파트너] 메뉴로 들어갑니다.

협찬 광고 레이브 추가 프로세스

4. 브랜드 파트너 추가 화면에서 브랜드를 [추가]하고 [완료]를 선택합니다.

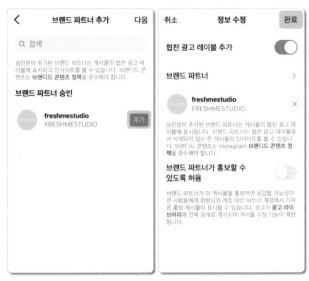

협찬 광고 레이블에 브랜드 파트너 추가 화면

그러면 이제 크리에이터가 올린 브랜디드 콘텐츠의 계정명 아래 '(브랜드 계정명)과 함께 하는 협찬 광고입니다'라는 문구가 나오고 이 부분을 클릭하면 해당 브랜드 계정으로 이동할 수 있습니다. 이렇게 되면 어떤 브랜드의 광고 콘텐츠인지를 분명하게 나타낼 수 있습니다.

협찬 브랜드 Freshmestudio[@freshmestudio]의 협찬 광고 레이블이 추가된 브랜디드 콘텐츠

요기니 다솜@luv___hy.m은 협찬 광고 레이블 기능을
사용하여 핫트@hott_official의 브랜디드 콘텐츠를 홍보
하고 있습니다. 광고 레이블을 쓸 때의 장점은 광
고 표시를 브랜드의 승인을 받아서 하므로 공식적
인 광고임을 나타낼 수 있고 더 이상의 설명이 필요
없을 정도로 깔끔하게 광고임을 표시할 수 있습니
다. 또 레이블을 클릭하면 바로 브랜드의 계정으로
이동할 수 있기 때문에 보는 사람 입장에서도 어떤
브랜드인지 더 잘 알 수 있고, 광고 브랜드도 관심
있는 사람들의 방문을 유도할 수 있습니다. 그래서
브랜디드 콘텐츠인 경우에는 이 기능을 한번 사용
해보는 것을 추천합니다.

협찬 광고 레이블을 사용한 브랜디드
콘텐츠 @luv___hy.m

하지만 국내에서는 주로 크리에이터가 캡션에서 '#
광고'라고 첫 줄에 밝히고 콘텐츠를 올리는 경우가
더 통용되는 것 같습니다. 집 꾸미기 주제의 인플루
언서 지 원@tiamo_doha도 '광고/' 표시와 함께, 거실 벽
의 허전함을 해결할 수 있는 Poster Store@posterstore
의 포스터 액자를 쇼파와 같이 찍은 사진과 캡션으
로 제품을 소개하고 있습니다. 취향이 가득한 집의
감성적인 사진과 개인적인 따뜻한 이야기로 친근
하게 풀어내는 콘텐츠로 많은 주부에게 공감을 사
고 있습니다.

Poster Store의 포스터를 소개하는
지 원의 브랜디드 콘텐츠 @tiamo_doha

인스타그램 인플루언서에게는 그들의 라이프스타일을 강력하게 추종하는 팔로워가 있습니다. 인플루언서의 시각으로 제품을 리뷰하고, 그들의 삶에서 제품과 함께하는 모습을 양질의 콘텐츠로 제시했을 때 팔로워들에게 미치는 영향은 상당합니다.

꼭 엄청난 팔로워 수를 자랑하는 대형 인플루언서만이 파급력이 있는 것은 아닙니다. 1만 명 미만의 나노 인플루언서일 경우, 좀 더 팔로워들과 긴밀하게 소통하는 경우가 많아서 팔로워들의 충성심이 높은 것으로 나타났습니다. 그래서 어떤 면에서는 나노 인플루언서 여러 명을 광고 집행에 이용하는 것도 효과적일 수 있습니다.

인스타그램의 특성이 공통 관심사의 커뮤니티를 중심으로 비주얼 요소로 소통하는 것이다 보니, 브랜디드 콘텐츠는 인스타그램과 잘 맞는 광고 방식입니다.

중요한 것은 브랜드와 잘 어울리는 인플루언서가 브랜드를 잘 이해하고 그에 맞는 콘텐츠를 제작해주는 것입니다. 그러려면 적절한 인플루언서를 선정하고, 광고 캠페인에 맞는 지침을 인플루언서에게 잘 전달해야 합니다.

제 **5** 장

# 운영 가이드

인스타그램 계정의 스타일과 콘텐츠까지 만들었다면 이제 운영을 해야 합니다. 운영은 브랜드 계정에 생명을 불어넣는 일입니다. 운영은 고객과 만나는 접점에 있고 고객과의 소통으로 실제 이 브랜드가 어떻게 말하고 행동하는지 보여주는 작업입니다. 살아있는 생명체처럼 다뤄야 하고, 행동과 말에 일관성이 있어야 브랜딩이 완성됩니다.

## 01 _ 운영 페르소나 정하기

운영에서도 역시 일관성은 중요합니다. 어떤 날은 댓글을 달고 어떤 날은 달지 않으면 팔로워들이 혼란스러워합니다. 그래서 계정에 일관된 캐릭터를 부여하는 게 좋습니다.

인스타그램에서 팔로워들과 어떤 캐릭터로 어떻게 소통할지 운영자의 페르소나를 정하고 시작하는 것을 권장합니다. 페르소나는 브랜드를 대표하는 사람이므로 브랜드 메시지가 페르소나의 철학이라고 생각하고 그 메시지를 가장 효과적으로 표현할 수 있는 캐릭터를 설정하세요.

페르소나를 다음과 같은 항목을 기준으로 정의해보세요.

- 성별
- 나이
- 외모적인 특징/어울리는 스타일 또는 패션 브랜드
- 성격
- MBTI
- 말투
- 좋아하는 것
- 싫어하는 것
- 추구하는 것

이런 식으로 운영자의 페르소나에 대해 정의하면 그 운영자의 캐릭터가 어떤 성향을 지녔는지 알 수 있고 어떤 식으로 행동할지 가늠할 수 있습니다. 그리고 그 운영자의 캐릭터와 비슷하거나 그 캐릭터를 좋아하는 사람들과 더 친근하게 소통할 수 있어서 브랜드 타겟 고객을 모으는 데도 도움이 됩니다.

행복을 전한다는 브랜드 철학을 가진 오롤리데이@ohlollyday.official에는 늘 웃고 있는 못난이라는 운영 캐릭터가 있습니다. 못난이지만 긍정적인 에너지를 뿜어내는 이 캐릭터는 보는 순간 기분이 좋아지게 만듭니다. 오롤리데이는 밝은 녹색을 브랜드 색상으로 쓰기 때문에 못난이 캐릭터는 친절하고 밝은 말투에 녹색 이모티콘을 쓰면서 "Be happier!"라는 브랜드 메시지를 계속 전합니다. 못난이는 밝고 행복한 말투로 팀원들과 브랜드 내에서 일어나는 일을 친근하게 소개하면서 인스타그램 콘텐츠에서 행복한 분위기를 전달합니다. 오롤리데이는 브랜드 철학을 못난이 캐릭터로 전달하면서 행복을 추구하는 하는 사람들을 모으고 그들을 오롤리데이 브랜드를 사랑하는 고객으로 만듭니다. 오롤리데이만의 방식으로 소통하면서 인스타그램 내에서 브랜드 커뮤니티를 견고히 해나가고 있습니다.

팔로워들과 친근하게 소통하고 있는 오롤리데이 메인 캐릭터 못난이와 스탭들의 모습 @ohlollyday.official

페르소나를 넘어서서 최근에는 세계관을 형성해서 운영하는 인스타그램 계정으로 MZ 세대의 큰 호응을 얻는 계정이 있습니다. 빙그레@binggraekorea는 '빙그레우스'라는 빙그레 왕국과 여러 가지 캐릭터를 형성해서 제품을 소개하고 있습니다. 사람들은 이 세계관에 맞춰 왕국 분위기에 맞는 말투로 댓글을 달아주었고, 현재 이 계정은 크게 호응을 얻어 16만 명이라는 팔로워를 갖게 되었습니다.

빙그레우스 세계관의 빙그레 계정. 세계관에 맞는 말투로 소통하고 있음. @binggraekorea

빙그레 계정이 성공적이기는 하지만, 모두가 이렇게 환타지적인 세계관을 구축해야 하는 것은 아닙니다. 하지만 모든 브랜드는 자신만의 세계관이 있습니다. '자신의 목소리를 구축한' 브랜드에 사람들은 집중할 것입니다. 어떤 브랜드의 목소리는 진솔함일 수 있고, 어떤 브랜드는 약간 허세가 있는 유머스러움이나 아이를 위해서 무엇이든 하지만 허당끼가 있는 엄마의 모습, 제품의 질에 대해서는 아주 완고한 장인의 정신 등을 보여줄 수 있습니다. 어떠한 페르소나가 여러분의 브랜드를 잘 나타내고 고객들과 소통할 수 있을지를 생각하고 결정하세요.

운영 페르소나를 설정할 때는 브랜드의 목적을 먼저 생각하고 브랜드 미션을 달성시킬 수 있는 매력적인 페르소나를 정해야 합니다. 운영은 보이지 않는 서비스이지만, 이 서비스 역시 기획되고 디자인되어야 하며, 브랜드와 고객이 연결될 수 있도록 설계되어야 합니다. 여러분의 브랜드를 대표할 수 있는 페르소나는 어떤 인물일지 한 번 상상해 보세요.

## 02 _ 운영 매뉴얼 정하기

운영 페르소나를 설정했다면 실제 브랜드 인스타그램을 운영할 때 페르소나가 어떤 행동을 해야 할지 매뉴얼 가이드를 작성해야 합니다. 이렇게 해야 누가 운영하더라도 일관되게 운영할 수 있습니다.

운영 매뉴얼이 상황마다 구체적으로 제시되면 더 좋겠지만, 모든 상황을 다 서술하기는 쉽지 않습니다. 각 상황에서 유연성과 일관성을 보이려면 명확한 브랜드 철학을 가지고 있어야 합니다.

환경을 생각하는 브랜드로 유명한 파타고니아@patagoniakorea의 경우는 그 철학에 따라 제품을 많이 제작하지 않으려고 하고, 고쳐 쓸 수 있도록 수선 서비스를 제공합니다. 사고 싶어도 품절이 많아 사기가 힘든 상황 때문에 많은 컴플레인을 받을 텐데 매장 직원들은 그런 상황을 당연하게 받아들이고 고객에게 설명합니다. 자신의 브랜드가 환경을 위해서 필요 이상으로 많이 제작하지 않는다는 점을 고객에게 이해시키고 그러한 철학에 자부심을 느낍니다. 이렇게 철학이 확고하면 운영상 어떤 돌발변수가 생겨도 하나하나 매뉴얼을 찾아볼 필요 없이 직원들이 어떻게 행동해야 할지 알게 됩니다. 그리고 그러한 직원들의 행동이 일관되게 나타나서 그 브랜드를 대표하게 됩니다.

파타고니아의 모든 포스트에는 환경, 리사이클, 공정무역 등의 브랜드 철학을 바탕으로 한 내용이 항상 자연스럽게 언급되어 있습니다. 환경을 생각해서 유기농면 사용 또는 폐기물을 재활용한 제품을 만들고, 공정무역을 지킨 제품이라는 믿음을 가지고 충성고객을 이끕니다. 제품에서 이를 어긴 면이 나타나면 자발적인 리콜 시행을 스토리 하이라이트에 올려 적극적으로 알린다든지, 어떤 브랜드든지 옷을 오래 입는 것을 장려하도록 하고 있는 옷 수선서비스를 무료로 해준다는 운영 방침은 고객들에게 또 한 번 '환경 하면 파타고니아'라는 것을 상기시켜주면서 감탄하게 만들고 그 브랜드를 계속 팔로우해야 할 이유를 알려줍니다.

파타고니아의 폐기물을 재활용한 제품 소개 및 원웨어 서비스 안내 포스트 @patagoniakorea

파타고니아처럼 거창한 철학이 없어도 운영 매뉴얼은 만들 수 있습니다. 진정한 술 친구가 되고 싶은 카스<sup>@official.cass</sup>의 팔로워들의 댓글에 친구처럼 맞장구치며 모두 댓글을 달아주고 있습니다. 답답하고 뭔가 털어놓고 싶다면 카스 계정에 가서 댓글을 다는 것도 한 방법이 되겠네요. 이렇게 힘이 되는 말을 파란색 하트 이모티콘과 함께 항상 달아줍니다.

카스의 포스트 및 댓글 @official.cass

운영할 때 브랜드 철학을 가지고 어떻게 표현해야 할지, 댓글을 어떻게 달아줘야 할지, 컴플레인 댓글에 대해서는 어떻게 응답할지, 어떤 댓글을 고정 댓글로 선택할지 등에 대한 가이드를 마련해보세요. 여러분의 팔로워들과 어떤 관계가 될지를 생각하며 가이드대로 행하면서 커뮤니티를 구축하기 바랍니다.

## 03 _ 운영 스케줄 정하기

어떤 스케줄로 포스트해야 할지도 고민거리가 될 수 있습니다. 많이 올릴수록 팔로워가 늘지도 궁금합니다. Later가 8,100만 개 이상의 피드 게시물을 분석한 것에 따르면, 일주일 동안 게시물이 많을수록 전반적인 도달 범위가 커졌습니다. 또한 더 많이 게시하면 좋아요 수와 댓글 수도 많아졌습니다. 그러나 이것은 계정의 팔로우 수에 따라서 달라집니다.[19]

- **팔로워가 1,000명 미만인 계정**: 주당 14번 게시하면 가장 높은 도달 범위와 참여율을 얻을 수 있습니다.
- **1,000~250,000명의 팔로워가 있는 계정**: 주당 14~20회 게시하면 게시물당 도달율이 가장 높고, 일주일에 한 번 게시하면 게시물당 참여율이 가장 높습니다.
- **팔로워가 250,000명 이상인 계정**: 일주일에 한 번만 게시하면 게시물당 가장 높은 도달율과 참여율을 얻을 수 있습니다.

팔로워가 1천 명 미만일 때는 주당 14번, 즉 하루에 2번 포스팅했을 때 높은 도달율을 가질 수 있지만, 팔로워가 1천 명이 넘어가면 참여율이 떨어질 수 있습니다. 많은 포스팅에 팔로워들이 피로감을 느낄 수 있고, 또는 알고리즘이 최신 콘텐츠만 밀기 때문에 그럴 수도 있습니다. 그렇기 때문에 목표가 도달율인지, 참여율인지를 생각하며 포스팅 빈도를 정해야 합니다.

팔로워가 25만인 메가 계정인 경우는 주요 도달 수단이 해시태그가 아니라, 기존 커뮤니티에 의존하기 때문에 많은 게시물을 게시하면 수치상 도달율과 참여율이 떨어집니

---

19 출처: https://later.com/blog/how-often-post-to-instagram/

다. 메가 계정인 경우에는 피드 게시물보다는 스토리를 사용하여 커뮤니티와 일상적인 상호작용을 많이 하는 것이 관계 구축에 더 적합할 수 있습니다.

하지만 이러한 양적인 수치보다 가장 우선시되어야 하는 것은 콘텐츠의 퀄리티입니다. 팔로워들을 만족시키지 않는 콘텐츠를 계속 올리면 순식간에 팔로워가 사라지게 될 것입니다. 일주일에 한 개의 콘텐츠를 올리더라도 팔로워들을 실망시키지 않는 콘텐츠를 올려야 한다는 점을 명심하세요.

일주일에 올려야 하는 콘텐츠 수는 전적으로 여러분이 좋은 콘텐츠를 얼마나 제작할 수 있느냐에 달려 있으니 너무 숫자에 스트레스 받지 않았으면 합니다. 대신 주요 카테고리의 콘텐츠가 골고루 적당한 기간을 두고 올라가게 하고 싶다면 운영 스케줄을 작성해서 관리하는 것을 추천합니다.

주간 스케줄표나 월별 캘린더에 올려야 할 스토리나 피드 콘텐츠를 표시해주세요. 카테고리별 색상을 다르게 하면 전체적인 분포를 쉽게 파악할 수 있습니다. 그 밑에 광고가 집행된다면 어떤 날 집행되는지 체크하고, 댓글을 중요시하기 때문에 다음날 피드백을 해줬는지 체크하는 난을 넣습니다. 필요한 항목이 있다면 더 추가해도 괜찮습니다. 여러분도 계정에 맞는 운영 캘린더를 만들어서 작성해보세요. 월 캘린더를 만들면 월별 추이를 볼 수 있습니다. 또한 휴일이나 기념일에 대비한 콘텐츠를 기획할 때도 이런 달력을 이용하는 것이 도움이 됩니다.

주기적으로 콘텐츠에 대한 반응을 체크해보고 반응이 좋은 콘텐츠의 빈도를 높이거나 반응이 안 좋은 콘텐츠는 콘텐츠 방식이나 업로드 시간대, 해시태그 등을 달리해서 올려본 다음, 좋은 결과가 나오면 다시 운영 스케줄에 반영하면서 계획표를 발전시켜 가는 것이 좋습니다.

스케줄 표는 직접 엑셀 및 파워포인트 프로그램 등으로 만들어서 사용할 수도 있지만, 프로그램을 사용할 수도 있습니다. 인스타그램의 크리에이터 스튜디오를 사용하면 게시물과 동영상을 포스팅할 때 원하는 시간에 예약해서 올릴 수 있으며, 게시 및 예약된 포스트를 달력에서 확인할 수 있어서 한눈에 관리하기가 편리합니다.

크리에이터 스튜디오는 페이스북 프로그램을 같이 사용하기 때문에 페이스북 페이지 계정을 하나 개설하고 인스타그램 계정과 연동시킨다면 누구나 무료로 사용할 수 있습니다.

크리에이터 스튜디오 사용법은 다음과 같습니다.

1. https://business.facebook.com/creatorstudio에 로그인하세요.

2. 상단의 '인스타그램 아이콘'을 선택하세요.

3. 왼쪽 메뉴에서 '콘텐츠 라이브러리 게시물'을 클릭하세요.

4. '게시물 만들기'를 클릭해서 게시물을 작성하고 시간을 예약할 수 있습니다.

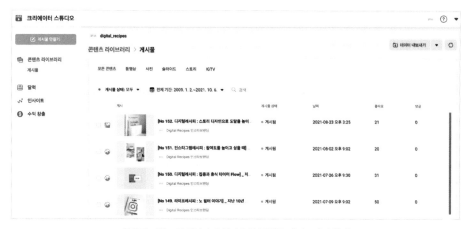

인스타그램 크리에이터 스튜디오의 콘텐츠 라이브러리 화면

콘텐츠 라이브러리 게시물에서는 지금까지 포스팅 및 예약된 동영상, 사진, 슬라이드, 스토리, 동영상 콘텐츠에 관련된 포스팅 날짜, 좋아요 수, 댓글 수까지 간단한 인사이트를 확인할 수 있습니다.

또한, 달력 메뉴에 가보면 월별 달력으로 어떤 요일과 시간에 포스팅되었는지 한눈에 알 수 있고 포스팅이 표시된 아이콘을 클릭하면 올라간 콘텐츠와 콘텐츠에 대한 반응을 같이 볼 수 있습니다.

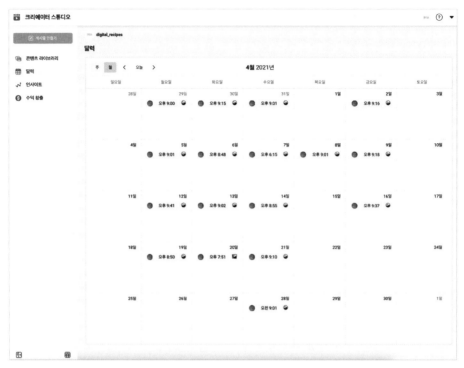

인스타그램 크리에이터 스튜디오의 달력 화면

또 다른 프로그램으로는 Later<sup>www.later.com</sup>가 있습니다. Later는 소셜미디어의 스케줄을 예약하는 기능으로 시작해서 인스타그램의 피드 미리보기 기능까지 제공합니다. Later 서비스에 회원으로 가입하고 비즈니스 계정을 연결하면 게시물을 예약해서 올리는 정도는 무료 버전에서도 사용 가능합니다. 유료 모델에서는 분석과 해시태그 제안 등 더 특별한 기능을 제공합니다.

피드 게시물 예약을 걸어 놓으면 주별, 월별 캘린더로 어떤 날에 어떤 콘텐츠가 나갈지, 나의 콘텐츠 발행 빈도가 어떻게 되는지 알 수 있습니다.

Later의 발행이 예약된 콘텐츠가 표시된 월별 캘린더 서비스 사진 출처: Later

또한 Later의 Visual Instagram Planner를 사용하면 스케줄된 포스트를 미리보기 할 수 있어서 향후 게시물에 사용할 사진을 플래너로 끌어다 놓고 완벽한 모양이나 미적 감각을 찾을 때까지 재배열하여 피드를 쉽게 계획하고 디자인할 수 있습니다.

화면 오른쪽에 예약된 포스팅 스케줄이 나오며 이 콘텐츠가 발행되었을 때 피드 모습을 볼 수 있습니다. 아직 발행되지 않은 콘텐츠는 그 안에서 발생 시간을 변경하거나 순서를 바꿀 수 있습니다. 미리 피드 배열을 보면서 알맞게 포스팅할 수 있습니다.

이렇게 스케줄 프로그램을 이용하면 피드를 미학적으로 보기 좋게 올리고 콘텐츠를 균형 있게 제공한다는 점에서 좋습니다. 예를 들어, 현재 발행된 포스트 바로 다음에는 어떤 색감의 게시물이 와야 좋을지 판단하고 제품 및 프로모션 사진을 너무 많이 반복적으로 게시했다면 다른 콘텐츠를 배열한다는 식의 운영 기획을 할 수 있습니다. 이렇게 하면 인스타그램 피드에서 보다 균형 잡힌 브랜드 경험을 만드는 데 도움이 되며, 이는 더 많은 인스타그램 팔로워를 확보하는 데 도움이 됩니다.

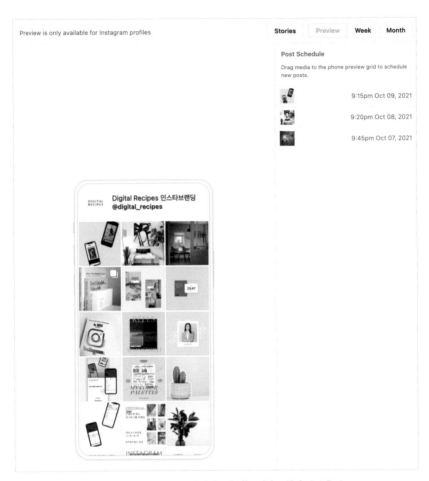

Later의 예약된 콘텐츠를 피드에서 미리보기 하는 서비스 화면 사진 출처: Later

스케줄 작성 방법에 대해서 다양하게 말씀드렸는데, 어떤 도구를 활용하는지는 상관이 없습니다. 자신이 사용하기 편한 방법을 이용하면 됩니다. 균형 잡힌 포스팅을 하는 것이 가장 중요하니, 스케줄링을 통해서 계획적이고 지속적으로 운영하세요.

## 04 _ 인사이트 분석하기

콘텐츠 기획, 제작, 운영을 하고 있는데, 내가 잘 하고 있는지 확인하려면 어떻게 해야할까요? 이럴 때는 콘텐츠 반응을 분석해야 합니다. 인스타그램에서는 '인사이트'라는 메뉴를 통해 자신이 올린 콘텐츠의 반응을 알 수 있습니다.

인스타그램의 인사이트 분석은 잠재고객이 누구인지, 언제 가장 활발하게 활동하는지, 어떤 유형의 콘텐츠에 가장 많이 참여하는지 이해하는 가장 좋은 방법입니다. 인사이트로부터 얻은 피드백을 다시 콘텐츠에 반영해서 고객의 니즈에 맞춘다면 팔로워들과 더 좋은 소통을 할 수 있는 계정으로 거듭날 수 있습니다. 그럼, 인사이트를 어떻게 보고 분석해야 하는지 살펴보겠습니다.

**RECIPE** 인사이트 분석하는 법

인사이트를 보려면 프로페셔널 계정(비즈니스 또는 크리에이터 계정)으로 설정되어 있어야 합니다. 프로페셔널 계정 설정 방법은 2장 프로필 페이지 기획하기(41쪽)에서 설명했기 때문에 여기서는 생략하겠습니다. [인사이트] 도구를 사용하려면 프로필 페이지에서 [인사이트] 버튼을 탭하거나 오른쪽 상단의 ☰를 탭하고 [인사이트] 메뉴로 들어갑니다.

프로필 페이지의 인사이트 메뉴(왼쪽) 설정에서 인사이트 메뉴(오른쪽)

인사이트 메뉴에서 먼저 확인할 것은 '인사이트 개요'입니다. 인사이트 개요에서는 다음과 같은 것을 보여줍니다.

- **도달한 계정**: 도달 계정의 팔로워와 언팔로워 비중, 도달이 많은 콘텐츠 유형, 도달이 많은 인기 게시물, 인기 스토리

- **콘텐츠 활동**: 게시물의 좋아요, 댓글, 저장, 공유 수, 좋아요 기반의 인기 게시물, 인기 스토리, 인기 릴스, 인기 동영상, 인기 라이브 반응

- **팬/총팔로워 수**: 팔로워의 증가 추세, 지역, 연령대, 성별, 가장 활동이 많은 시간

- **공유한 콘텐츠**: 게시물, 스토리 등

각 메뉴를 탭하면 더 자세한 인사이트 정보를 얻을 수 있습니다. 이때, 팬에서 총팔로워 숫자를 클릭해서 팬의 활동 시간이 가장 활발한 시간을 요일별로 알아내는 것이 중요하며, 이 시간에 콘텐츠를 공유해야 합니다.

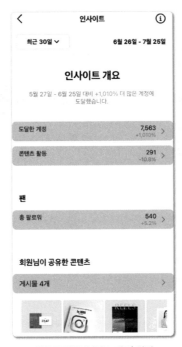

최근 30일 '인사이트 개요' 화면

그리고 반응이 좋은 인기 게시물을 보면서 다음과 같은 요소를 찾아야 합니다.

- **콘텐츠 유형**: 사람들이 좋아하는 콘텐츠 유형은 무엇입니까? 게시물, 슬라이드, 동영상?

- **글꼴 크기 및 스타일**: 사람들은 큰 글꼴을 선호합니까, 아니면 작은 글꼴을 선호합니까?

- **배경 색상**: 어떤 색상이 가장 주목을 받았습니까?

- **사진의 배경**: 깔끔한가요, 복잡한가요?

- **사진 속 주제**: 무엇이 그들의 시선을 사로잡았나요? 사람, 풍경, 물건, 동물, 음식, 꽃?

- **사진 구도**: 클로즈업인가, 전신샷인가?

- **사진의 색상**: 밝음, 어두움, 다채로움, 흑백 등

각 게시물에도 [인사이트 보기] 메뉴가 있는데, 여기에서 해당 게시물의 인사이트를 알 수 있습니다.

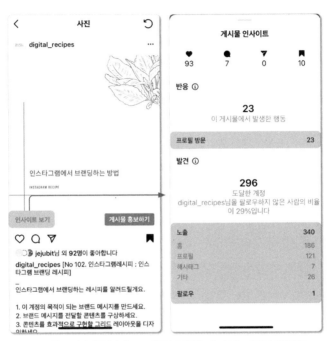

게시물 왼쪽 아래의 [인사이트 보기]를 클릭했을 때 나오는 게시물 인사이트

이 게시물의 인사이트를 해석해 보면 다음과 같습니다.

- **프로필 반응**: 이 게시물을 보고 관심이 있어서 프로필을 방문한 자는 23명

- **노출**: 이 콘텐츠가 누군가에게 보여진 횟수

- **홈**: 나의 팔로워들이 홈에서 내 콘텐츠를 보고 들어온 경우

- **프로필**: 팔로워하지 않은 사람들이 나의 좋아요나 댓글 등을 보고 프로필을 통해서 게시물로 들어 온 경우

- **해시태그**: 해시태그를 검색해서 들어온 경우

- **팔로우**: 이 게시물을 보고 팔로우를 한 수

홈의 숫자가 적다면 팔로워들의 홈에 내가 노출이 잘 안 된다는 뜻이므로, 나의 팔로워 계정에 방문하거나 그 게시물에 대해서 나도 적극적으로 좋아요 등으로 호응해줘야 합니다. 그래야 내가 이 계정과 친분이 있다는 것을 알고리즘이 눈치채서 나의 콘텐츠를 이 팔로워의 계정에 우선순위로 노출해 줍니다.

프로필의 숫자가 적다면, 콘텐츠에 관심을 가져줄 만한 계정을 찾아서 그 게시물에 좋아요나 댓글, DM 등을 보내서 적극적으로 콘텐츠를 포스팅하는 나의 계정을 홍보해야 합니다. 내 콘텐츠에 관심을 가져줄 계정은 아무래도 비슷한 주제로 이야기하는 계정 중에서 쉽게 찾을 수 있습니다.

해시태그 유입 숫자가 적다면 검색에 최적화된 해시태그를 잘 못 달고 있다는 뜻입니다. 팔로워가 적은 계정이라면 내 계정으로 유입할 수 있는 적합한 해시태그를 찾아서 더 달아야 합니다.

이런 식으로 사람들에게 좋은 반응을 받는 콘텐츠 요소를 분석하면서 콘텐츠 제작에 반영할 인사이트를 찾는 작업이 계정을 발전시켜 나가는 데 필요합니다.

## 인사이트 분석 보고서 작성 방법

회사에 다니는 브랜드 마케터라면 이러한 결과 보고서를 작성해야 합니다. 팀이나 클라이언트에게 데이터를 제공하는 경우 내용을 간결하게 요점만 유지하기 바랍니다. 숫자만 나열하다 보면 결국 어떤 인사이트가 중요하고 다음에 무엇을 해야 할지에 관한 방향성을 잃게 됩니다. 숫자는 설득력 있는 결론을 내리는 데 참조하고 인스타그램의 목표는 비즈니스 목표와 연결되어야 한다는 점을 잊지 말고 보고서를 작성하기 바랍니다.

그러나 매일 수행하는 운영 업무의 가치를 과시하는 것도 중요합니다. 월간 소셜 미디어 보고서는 얻은 것, 잃은 것, 다음에 얻을 수 있는 것에 관한 핵심 요소를 요약한 것으로 생각해야 합니다.

이제 실제로 인스타그램 보고서를 작성하는 방법의 핵심으로 넘어가 보겠습니다. 소셜 미디어 보고서에 포함되어야 하는 내용의 각 섹션을 안내하고 무료 보고서 템플릿을 사용하여 좀 더 쉽게 만들어 보겠습니다.

**TIP** 인스타그램 결과보고서 양식

템플릿은 부록(p.266)의 인스타그램 결과보고서 양식에서 작성하거나 이 책의 홈페이지(https://wiki-book.co.kr/instagram-branding) – [관련 자료] 탭에서도 내려받을 수 있습니다.

조직마다 적합한 보고서 유형이 있습니다. 엑셀, PDF, 구글 슬라이드 공유, 파워포인트 등 다양합니다. 여기서는 제가 주로 사용한 파워포인트 양식을 소개합니다. 월간 인스타그램 보고서라고 생각하고 활용하기 바랍니다.

인스타그램 외에 다른 SNS도 운영하고 있다면 SNS별 반응치를 한 장에 비교해서 보여주는 것도 도움이 됩니다. 여기서는 인스타그램 월간 보고서에 대해서만 예시로 살펴보겠습니다.

월간 보고서의 첫 장에서는 인스타그램의 목표와 그 목표를 위해 어떤 전략을 취하고 있는지, 그에 대한 현재 성장 상황을 한눈에 볼 수 있는 요약 페이지가 필요합니다.

인스타그램 월간 보고서 Summary 템플릿

템플릿의 각 항목을 살펴보겠습니다.

## 목표

소셜미디어 마케팅 목표는 항상 단기 및 장기 비즈니스 목표와 연결되어야 합니다. 월간 보고서는 인스타그램 성장을 월 단위로 추적할 것이기 때문에 보고서의 초점을 단기 목표에 맞추는 것이 좋습니다. 캠페인 또는 제품 중심일 수 있습니다. 목표를 잊지 않기 위해서 항상 처음에 써줍니다.

## 전략

이 섹션에는 비즈니스 목표를 달성하기 위해 한 일에 대한 간략한 요약이 들어가야 합니다. 이미 조직원들과 향후 몇 달 동안의 전략을 공유했기 때문에 이 섹션은 그 내용을 다시 한 번 상기시키는 역할을 해야 합니다.

## 지표 및 전월 대비 성장

다음으로는 인스타그램 분석이 들어가야 합니다. 이 섹션에는 월별 측정항목과 월별 성장을 포함시켜야 합니다. 월별 측정항목의 Total 값은 프로필 페이지에 있는 '인사이트' 메뉴에 들어가면 쉽게 얻을 수 있습니다.

- **총팔로워**: 인사이트 개요 → 팬의 총팔로워 수
- **도달**Reach: 인사이트 개요 → 도달한 계정 수
- **노출**Impression: 인사이트 개요 → 도달한 계정 → 노출
- **게시물 반응**Reaction: 인사이트 개요 → 콘텐츠 활동 → 게시물 반응
- **참여율**Engagement Rate: (좋아요 수+ 댓글 수)/총팔로워 × 100
- **웹사이트 클릭**: 인사이트 개요 → 도달한 계정 → 프로필 활동 → 웹사이트 누름 수

참여율 계산법이 여러 가지가 있는데, 일반적으로 위의 공식처럼 전체 좋아요와 댓글 수를 합친 수를 팔로워 수로 나누고 100을 곱해서 백분율을 구합니다.

**참여율 = {(좋아요 수 + 댓글 수) / 팔로워 수} × 100**

다른 방식은 좋아요와 댓글 수를 합한 수치를 전체 노출Impression 수로 나눈 후에 100을 곱하여 백분율을 구하는 것입니다. 콘텐츠적인 면에서 얼마나 많은 사람에게 노출되었는지에 대한 참여 반응율을 구하려면 이 방식도 좋습니다.

**참여율 = {(좋아요 수 + 댓글 수) / 노출} × 100**

이 외에도 요즘에는 좋아요, 댓글 외에 저장 수까지 더해서 노출로 나누는 방법도 사용합니다.

참여율 = {(좋아요 수 + 댓글 수 + 저장 수) / 노출} × 100

각자 비즈니스 목표를 생각하고 브랜드의 기준을 만들어서 사용하면 됩니다.

성장률은 전달 대비 성장을 이야기해야 하므로 전월 수치를 가지고 와야 합니다. 전월에서 이번달의 수치를 뺀 차액을 전월의 수치로 나누고 100을 곱해서 백분율을 구하는 것입니다.

성장률 = (전월의 수치 - 이번달의 수치) / 전월의 수치 × 100

월간 보고서는 결과 데이터를 간결하게 전달하면서 전략이 올바른 방향으로 가고 있는지를 확인하는 것입니다. 하지만 숫자만으로는 이야기할 수 없습니다. 숫자가 의미하는 것을 제대로 파악하면서 인사이트를 얻어야 합니다.

보고서의 다음 페이지에서는 좀 더 정성적인 평가를 합니다.

인스타그램 월간 보고서 Insight 템플릿

## 인기 게시물

먼저 이번달에 가장 반응이 좋았던 이미지를 실제로 넣어서 보여줍니다. 각 콘텐츠의 반응 수치도 밑에 적어주면 좋습니다.

## 인사이트

인스타그램 분석을 자세히 살펴본 후에는 이러한 측정항목이 실제로 의미하는 바를 이해하는 것이 중요합니다. 앞장의 지표에서 성장이 보였다면 그 이유는 무엇이고, 인기 게시물은 어떤 요소로 사랑을 받았는지를 분석해서 서술하는 것입니다.

마지막으로는 시도한 것 중에서 효과가 있었던 것이나 효과가 없었던 것을 통해서 다음 달 전략을 어떻게 안내할 것인지 기회 요소를 밝히면서 마무리하세요.

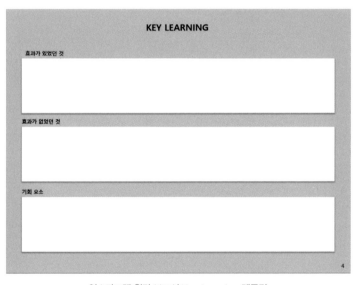

인스타그램 월간 보고서 Key Learning 템플릿

## 효과가 있었던 것

콘텐츠 전략을 업데이트할 때 인스타그램의 손실이 가장 좋은 지침이 되는 경우가 있습니다. 다양한 요인이 성공에 영향을 미칠 수 있으므로 콘텐츠 유형과 기능 등을 테스트하면서 트렌드를 파악하는 것이 중요합니다. 효과가 있었던 점을 잘 발견해서 발전시킬 경우 팔로워들에게 진정성을 보여줄 수 있습니다.

## 효과가 없었던 것

도달범위 및 수치가 줄어드는 콘텐츠 유형을 보고 효과가 없었던 것을 적는 것을 두려워하지 마세요. 팔로워들이 가장 보고 싶어 하는 것을 찾는 것이 더 중요합니다. 이러한 분석을 바탕으로 전략이 목표에 좀 더 가까워질 수 있도록 조정할 수 있습니다.

## 기회 요소

인스타그램 플랫폼은 끊임없이 변화하기 때문에 이 섹션은 새로운 기능이나 트렌드를 소개하면서 브랜드가 활용할 수 있는 기회를 소개하는 것으로 활용하세요.

이렇게 인사이트에서 보고서에 들어갈 내용을 정리해보았습니다. 여기서 소개한 측정항목이나 템플릿 양식을 참고해서 자신의 브랜드에 적합한 보고서로 활용하기 바랍니다.

보고서를 쓸 때뿐만 아니라, 평소에도 인사이트에 들어가서 '왜 이런 결과가 나왔을까?'하는 질문을 끊임없이 해보고 다음 콘텐츠 운영에는 어떤 면이 필요할지 생각하는 습관을 들이세요. 결국 팬들이 좋아하는 콘텐츠를 올리고, 팬들의 피드백에 같이 반응해준다면 인스타그램 팬들과의 커뮤니티가 더 단단해질 겁니다.

# 05 _ 마케팅 운영하기

인사이트를 분석하고 나면 어떤 부분을 보완해야 할지 알 수 있습니다. 콘텐츠를 언제 더 올려야 할지, 해시태그를 더 늘려야 할지, 다른 계정들과 어떤 소통을 하고, 스토리에 질문을 넣어서 팔로워들의 피드백을 어떻게 더 끌어낼지를 고민하면서 운영 계획을 짜야 합니다. 그 외에도 인스타그램 계정의 성장을 좀 더 부스팅할 수 있는 마케팅 운영 계획을 세워본다면 대표적으로 이벤트 기획과 협업 마케팅을 들 수 있습니다.

## 이벤트 기획

앞 장에서 콘텐츠에 대해 설명할 때 챌린지나 이벤트를 기획하는 것을 권장했지만, 간단한 경품 이벤트도 인스타그램 성장을 위해서는 필요합니다. 경품 이벤트는 커뮤니티의 참여를 유도하고 새로운 잠재고객에게 다가갈 수 있는 효과적인 전략입니다.

실제로 소셜미디어 마케팅 서비스 tailwind가 6만 개의 인스타그램 계정을 분석한 결과, 경품 이벤트를 한 계정이 전혀 하지 않은 계정보다 3개월 안에 팔로워를 70% 더 빠르게 성장시켰다는 조사 결과를 얻었습니다.[20] 그래서 빠른 팔로워 성장을 원한다면 경품 이벤트도 고려하면 좋습니다.

물론, 이벤트가 끝난 다음에는 다시 팔로워가 감소할 수 있습니다. 브랜드 충성심이 없는, 경품만 노리는 체리피커cherry picker들도 있기 때문입니다. 하지만 이러한 부작용을 감안하더라도 브랜드 입장에서 이 이벤트로부터 얻을 수 있는 것이 있습니다.

이벤트의 미션에는 팔로잉, 좋아요, 댓글, 친구 태그 등이 있는데, 이렇게 많은 사람들에게 공유되고 콘텐츠에 대한 참여율이 높아지면 알고리즘이 이 콘텐츠를 더 많은 사람에게 공개합니다. 사실 1,000개 이상의 댓글을 받을 수 있는 콘텐츠는 대부분 이벤트인 경우입니다.

댓글 이벤트는 인스타그램에서 종종 마주칩니다. 상품이 준비되어 있다면 이벤트를 진행하는 방법은 비교적 쉽습니다. 참여 방법도 간단해서 많은 참여를 이끌어냅니다. 파이렉스@corellebrands.kr는 계량컵 신제품 출시를 맞이해서 이벤트를 열었습니다. 이벤트 미션으로는 계정 팔로우, 계량컵에 담긴 맥주에 어울릴 가장 좋아하는 맥주 안주 댓글달기입니다. 무엇보다도 댓글이 포함된 이벤트는 계정을 활성화할 수 있기 때문에 좋습니다. 대부분의 사람들이 자신이 제일 좋아하는 맥주 안주 하나 정도는 금방 떠올릴수 있을 겁니다. 댓글을 다는 것에 부담감없이 재밌게 달 수 있고 그런 분위기가 나도록 이벤트 이미지도 훌륭한 테이블세팅 사진을 보여주고 있습니다. 이벤트 이미지에 텍스트가 많이 없는 이런 깔끔한 스타일이 인스타그램에는 더 적절합니다.

---

**20** 출처: https://www.tailwindapp.com/blog/instagram-contest-ideas-that-will-grow-your-followers-70-faster

파이렉스 계량컵 신제품 출시 기념 팔로우&댓글 이벤트 공지 @corellebrands.kr

이런 이벤트에 댓글 달기는 굉장히 좋은 미션입니다. 댓글에 대한 참여가 증가함에 따라 인스타그램 알고리즘은 참여도가 높은 해당 게시물을 좋은 게시물이라 판단하고 더 많은 팔로워에게 표시하고 사용한 해시태그에서 최상위 게시물로 나타나게 됩니다. 이 과정에서 브랜드의 진짜 팬이 될 수 있는 팔로워를 얻을 수 있습니다. 물론 브랜드 계정에 그만한 가치를 가진 콘텐츠가 잘 준비되어 있어야만 합니다. 소문난 잔칫집에 먹을 게 없다면 굉장히 실망해서 발걸음을 영원히 돌리는 사람들이 많겠죠? 이런 점을 염두에 두고 이벤트 시점을 정해서 진행해야 합니다.

## 콜라보 마케팅

콜라보 Collaboration의 줄임말, 또는 협업이라는 단어가 자주 등장합니다. 브랜드 x 인플루언서 또는 브랜드 x 브랜드 콜라보레이션은 둘 이상의 비즈니스가 팀을 이루어 캠페인을 위해 독특하고 독점적인 무언가를 만들고 그 과정에서 서로가 성장할 수 있게 돕는 것입니다.

요컨대 협업 마케팅은 윈윈Win-Win 전략적인 가치 교환입니다. 그래서 가장 중요한 점은 브랜드 협업이 디지털 광고보다 최대 25배 저렴할 수 있다는 점입니다.

브랜드 x 브랜드 콜라보레이션에는 다음과 같은 주요 이점이 있습니다.

- 현명한 교차 프로모션을 통해 새로운 잠재고객에게 도달
- 수익원 증대/추가
- 콘텐츠 생성
- 오디언스 참여
- 소셜 미디어 커뮤니티 성장
- 네트워크 성장
- 홍보 및 입소문 구축

이 외에도 많은 이점이 있겠지만, 파트너와 함께 하는 캠페인 전략에 많은 것이 달려 있습니다.

인스타그램은 브랜드 x 브랜드 콜라보를 홍보하기에 최적의 소셜미디어 플랫폼입니다. 실제로 일부 브랜드는 소셜 미디어 파급 효과가 크기 때문에 인스타그램 독점 이벤트 용 또는 캠페인용으로 제품을 일부러 만들기도 합니다.

프렌치 무드 데일리웨어 브랜드 마르디 메크르디@mardi_mercredi_official는 활발하게 브랜드 콜라보 마케팅을 진행하는데, 락피쉬의 메리제인 슈즈에 마르디 메크르디의 시그니처 꽃 패턴을 담아 콜라보된 제품을 만들어 같이 홍보하거나, 마몽드@mamondekorea의의 블라 써밍 에너지 세럼, 일명 레드세럼에 어울리는 레드 플라워 패턴 티셔츠를 제작하여 세럼과 티셔츠가 들어 있는 세트 제품을 출시하여 마몽드와 공동 마케팅을 하고 있습니다.

락피쉬 X 마르크 메크르디 협업 공지
@mardi_mercredi_official

마몽드 X 마르크 메크르디 협업 공지
@mamondekorea

이런 콜라보 캠페인을 진행할 때 서로가 서로를 언급해주고 캠페인 해시태그를 통해서 인스타그램 성장, 제품 판매, 관련 콘텐츠 제작 등의 효과를 얻을 수 있습니다.

물론 캠페인에 적합한 파트너를 찾는 것이 중요합니다. 두 브랜드가 상호 보완적인 산업 분야에 있고 이 캠페인의 목표가 함께 함으로써 서로에게 가치를 더 할 수 있다면 매우 의미 있는 콜라보가 될 것입니다. 성공적인 콜라보는 서로의 가치를 Win-Win 방식으로 교환하는 것이므로 원하는 것을 요청하기 전에 상대로부터 가져올 수 있는 가치가 무엇인지를 아는 것이 좋습니다. 하지만 훌륭한 브랜드 콜라보레이션의 중심에는 관계가 중요하기 때문에 서로에게 열린 마음을 갖고 유연한 태도로 접근하는 것이 좋습니다. 그래야 공정한 거래가 성사되는 데 도움이 됩니다.

또한, 브랜드 콜라보레이션은 빅 브랜드와의 일회성 이벤트보다는 매년 여러 번 협업하여 최상의 결과를 내는 것이 좋습니다. 지속적인 콜라보 또한 브랜딩에 효과적입니다.

출판사 민음사@minumsa_books와 디자인 스튜디오 오이뮤@oimu_는 5년째 북클럽 도서 및 굿즈 제품 협업과 4년째 워터프루프북 제작 협업을 하고 있습니다. 이렇게 지속적인 콜라보 역시 하나의 브랜딩 요소가 될 수 있고, 두 브랜드의 팔로워들에게 노출되면서 팔로워가 확장됩니다.

오이뮤와 협업한 2021북클럽을 공지하는 민음사 게시물 @minumsa_books

민음사와 협업한 워터프루프 북을 소개하는 오이뮤 게시물 @oimu_

인스타그램에서 브랜드 x 브랜드 콜라보레이션은 도달 범위를 두 배로 늘릴 수 있을 뿐만 아니라 네트워크를 확장하고 새로운 것을 통해 오디언스를 참여시킬 수 있는 좋은 방법입니다. 또한 이 모든 것이 예산을 크게 초과하지 않고도 가능하니 브랜드로서 콜라보마케팅은 놓칠 이유가 없는 트렌드입니다.

운영자는 틈틈이 다른 브랜드를 관찰하면서 나의 브랜드와 콜라보를 통해 시너지를 낼 만한 브랜드 혹은 인플루언서를 찾고 콜라보를 모색할 기회를 찾는 것이 필요합니다. 다른 계정과 콜라보를 해서 커뮤니티를 같이 형성하면 그 안에서 새로운 브랜드 고객을 창출할 수도 있고, 커뮤니티가 점점 더 확장되면서 커뮤니티의 파워가 강력해질 수 있습니다.

또한, 인스타그램 안에서만 홍보하지 말고 다른 채널이나 플랫폼, 예를 들어 뉴스레터, 다른 SNS, 오프라인 광고물 등을 통해서도 계정을 적극적으로 홍보하는 계획이 있어야 합니다.

결론적으로, 브랜드 계정이 계속 살아 숨 쉴 수 있도록 적극적으로 활동해야 합니다.

# 06 _ 광고 운영하기

기본적으로 좋은 콘텐츠를 지속적으로 게시하고 이벤트, 콜라보 마케팅으로 팔로워를 점차 늘려갈 수 있지만, 내 콘텐츠가 타겟 고객에게 잘 노출되지 않고 새로운 고객을 창출하고 싶다면 광고를 집행하는 것도 목표 달성을 위한 방법이 될 수 있습니다.

광고 집행은 인스타그램 앱에서 쉽게 할 수 있고, 소액으로 카드 결제를 하는 것도 가능하니 주요한 이슈가 있을 때 인스타그램 광고를 계획해 보는 것을 추천드립니다. 인스타그램 광고의 가장 큰 장점은 다른 플랫폼 대비 저렴한 광고 비용으로 광고 효과를 얻을 수 있으며, 타게팅이 가능하여 효율적인 광고 집행을 할 수 있다는 점입니다. 운영이 어느 정도 기반이 잡혔다면 이제 광고하는 법을 알아보겠습니다.

## 광고 집행

우선, 광고 집행은 기본적으로 프로페셔널 계정(비즈니스 또는 크리에이터 계정)으로 전환해야 사용할 수 있습니다. 계정 전환 부분은 프로필 기획 부분에서 설명했습니다.

광고를 집행할 때는 지금이 광고하기에 적절한 타이밍인지를 파악해야 합니다. 광고를 하려면 인스타그램에 어느 정도 콘셉트에 맞는 콘텐츠가 올라가 있어야 합니다. 광고로 많은 방문자가 생길 수 있으나, 방문했을 때 계정에서 흥미롭고 유용한 콘텐츠를 찾지 못하면 광고가 별로 의미가 없을 수 있습니다.

또한, 포스팅한 콘텐츠를 그대로 광고로 활용할 수 있기 때문에 올린 콘텐츠 중에서 인사이트를 보고 사람들에게서 좋은 반응이 나온 피드나 스토리의 콘텐츠를 광고 콘텐츠로 선택하는 것도 좋은 방법입니다.

그리고 광고를 집행할 때는 목표를 설정해야 합니다. 그래야 광고 집행 후에 광고 효과가 어느 정도였는지 파악할 수 있습니다. 광고로 인스타그램 팔로워를 증가시키는 것이 목적인지, 상품 판매를 위해 웹사이트 방문을 늘리는 것이 목적인지 확실히 정해야 합니다. 그러고 나서 정해진 목표를 달성하는 데 얼마의 광고 집행 기간과 예산을 들여야 브랜드에 합리적일지를 판단하세요.

그 다음은 광고하고자 하는 타겟을 정합니다. 인스타그램 알고리즘은 자체적으로 인스타그래머들의 취향에 관한 정보를 많이 수집합니다. 지역, 나이, 성별 같은 정보 외에도 특정 분야에 관심 있는 사람들에 대해 타겟팅을 할 수 있으니 자신의 광고 도달 타겟에 대해 구체적으로 생각해보세요.

이러한 기본적인 사항이 정해졌을 때 광고를 시작하면 됩니다. 광고 집행은 인스타그램 앱에서 바로 할 수 있어 아주 쉽게 진행할 수 있습니다. 예시 화면을 보면서 다시 설명하겠습니다.

**RECIPE** 게시물 홍보하는 법

우선, 지금까지 올린 게시물 중 광고할 게시물 밑의 [게시물 홍보하기]를 클릭합니다.

[게시물 홍보하기] @digital_recipes

목표 선택 화면에서 3가지 목표 중 한 개를 체크하고 [다음]을 클릭합니다.

[게시물 홍보하기]를 클릭하면 제일 먼저 나오는 목표 선택 페이지

타겟을 정의할 때는 자동보다는 [직접 만들기]에 들어가서 [타겟 이름], [위치], [관심사]를 정해서 넣어주세요. 연령도 자신의 타겟 고객에 맞게 조절해주세요. 타겟을 너무 세밀하게 정하면 광고할 때 도달율이 떨어질 수 있으니 대략적인 타게팅 목표를 세우는 게 좋습니다. 타겟을 정의한 후 [완료]를 클릭합니다.

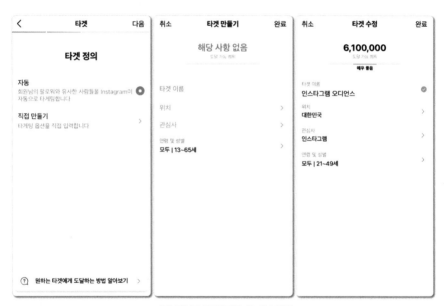

타겟 정의의 '직접 만들기' 예시 화면

다음은 광고 예산과 광고할 기간을 선택합니다. 하단의 슬라이드 바를 조절하면서 설정한 예산과 기간을 선택해보세요. 소액으로도 지정 가능하며, 해당 예산에서 도달 예측 수를 보면서 목표 달성 예산과 기간을 설정하고 [다음]을 클릭하세요.

예산 및 기간 설정 화면

이게 거의 다 왔습니다. 설정한 광고 집행 사항을 최종 검토하고 결제하면 됩니다. 카드 결제가 가능하고, 한번 결제하면 결제 수단이 저장되어 다음에 광고를 집행할 때는 바로 다음 화면이 나옵니다. 마지막에 있는 [게시물 홍보하기] 버튼을 누르면 홍보 검토가 시작됩니다. 검토는 1~2시간이 소요되고 승인되면 설정한 대로 매일 광고가 집행됩니다.

광고 집행 전 마지막 검토 화면 및 홍보하기 신청 완료 화면

만약에 실수로 홍보를 요청해서 인스타그램 광고를 취소하고 싶다면 당황하지 말고 다음과 같이 하면 됩니다. 프로필 화면에 가서 [광고 도구] 메뉴를 클릭하고 홍보하려고 했던 게시물을 선택한 다음 광고 삭제를 누릅니다.

광고 집행이 시작되면 매일 설정한 예산만큼 결제되고 광고가 시작됩니다. 인사이트를 보면서 광고가 목표한 대로 잘 진행되고 있는지 확인합니다. 만약 의도한 대로 광고가 이루어지지 않고 있다면 광고를 중간에 취소할 수도 있습니다.

처음에는 가볍게 소액으로 여러 가지 광고를 테스트해 보면서 광고를 점점 최적화해 나가는 것도 좋은 전략입니다.

광고 집행을 PC에서 하고 싶다면, Facebook Business Suite<sup>business.facebook.com/</sup>로 로그인 해서 광고 탭을 클릭하고 [광고 만들기] 버튼을 클릭하면 동일하게 진행할 수 있습니다.

추후 광고 결제가 잘못되었을 경우, 인스타그램 고객센터는 온라인 문의로만 진행되며, 모회사인 페이스북의 고객센터를 이용해야 합니다. 페이스북 고객센터<sup>www.facebook. com/help/contact/649167531904667</sup>에서 결제 문의를 신청합니다. 이때 결제 승인번호가 필요하니 광고 집행 결제 시 카드 영수증을 챙겨 놓기 바랍니다.

페이스북 광고 결제 문의 화면

## 광고 분석

광고를 집행하고 나면 성과에 대한 분석을 해야 합니다. 이를 통해서 효과적인 요소가 무엇인지 파악하고 다음 광고에 적용할 수 있게 됩니다. 중요한 것은 매 광고에서 배운 것을 반영하여 광고를 게재할 때마다 성과가 개선되는 것입니다.

광고 분석 역시 [인사이트]를 통해서 계정 및 콘텐츠 반응 성과를 확인할 수 있습니다. 광고 인사이트를 보려면 프로필 화면에서 [광고 도구] 버튼을 클릭한 후, [이전 광고] 탭, [인사이트 조회] 항목을 탭하면 볼 수 있습니다.

광고 도구에서는 결과를 반응, 발견, 타겟의 세 가지 섹션으로 보여줍니다.

홍보 인사이트 화면

- **반응**: 광고를 본 후 프로필이나 웹사이트 방문 또는 DM 메시지를 보낸 사람의 수를 보여줍니다.
- **발견**: 광고를 본 사람 수(도달한 사람), 광고 조회 수(노출), 확보한 팔로워 수를 확인합니다.
- **타겟**: 광고가 도달한 타겟의 성별, 연령대, 위치 정보를 알려줍니다.

이렇게 홍보 인사이트에서는 광고로 인한 도달 반응, 노출, 팔로우, 타겟 분포를 한눈에 볼 수 있습니다. 이러한 상세 데이터를 확인해보면서 집행한 광고가 효과가 있었는지를 확인합니다. 이런 분석을 통해 인스타그램에 무엇을 게시하고 누구를 타겟으로 광고를 게재하여 어떤 광고 유형을 사용해야 최적일지 지속적으로 테스트하면서 개선해 나가면 좋습니다.

처음에 광고를 집행할 때는 한 번에 광고 금액을 크게 가져가는 것보다 3만 원 정도의 금액으로 7~10일 정도 설정하는 것이 좋습니다. 테스트할 때는 여러 가지가 아닌 한 가지 변수(광고 소재, 영상, 문구, 해시태그, 랜딩 페이지 등)를 놓고 테스트해서 해당

변수가 타겟의 참여 결과에 어떤 영향을 미치는지 확인합니다. 또 어떤 요소가 가장 효과적인지 알아냅니다.

운영에서는 지속적인 콘텐츠 업로드가 기본이 되어야 하지만, 인사이트 분석을 통해서 좀 더 업그레이드하기 위해 필요하다고 생각되는 이벤트, 콜라보, 광고 등을 적절히 같이 운영하면 좋습니다.

제 **6** 장

인스타그램 브랜딩
가이드 만들기

지금까지 인스타그램 계정을 브랜딩하기 위한 방법과 잘 된 사례들을 살펴보았습니다. 브랜딩은 일관성이 중요하고, 그 일관성을 유지하기 위해서는 콘셉트 기획이 중요하며, 그 콘셉트를 유지할 수 있는 스타일, 콘텐츠, 운영 가이드가 필요합니다.

이러한 기획 없이 인스타그램을 운영하다가 방향을 잃는 경우가 많습니다. 그래서 이 장에서는 앞서 살펴본 기획 방안을 실제로 여러분의 인스타그램 계정에 적용할 수 있도록 인스타그램 브랜딩 가이드를 작성해보겠습니다. 저와 함께 단계별로 한 장 한 장 작성해보면 어느새 인스타그램 브랜딩 가이드를 완성하게 될 겁니다. 그 가이드대로 인스타그램 계정을 만들어보겠습니다.

시작하기 전에 여러분이 현재 인스타그램을 운영하고 있다면 계정의 프로필부터 피드가 나오게 화면을 캡처해 보세요. 그러고 나서 나중에 편집 가이드대로 적용해서 운영했을 때 어떻게 달라지는지 확인해보세요.

**TIP** 인스타그램 브랜딩 가이드 양식

부록(p.255)의 인스타그램 브랜딩 가이드 양식에서 작성하거나 이 책의 홈페이지(https://wikibook. co.kr/instagram-branding) – [관련 자료] 탭에서도 내려받을 수 있습니다.

이번 장에서는 이 책의 앞부분에서 설명한 순서대로 인스타그램 브랜딩 가이드를 만들어보겠습니다.

1. 콘셉트 정하기
2. 스타일 가이드 만들기
3. 콘텐츠 가이드 만들기
4. 운영 가이드 만들기

그럼 먼저 콘셉트 정하기부터 해보겠습니다.

# 01 _ 콘셉트 정하기

인스타그램을 기획할 때 가장 먼저 해야 할 일은 브랜드 콘셉트를 잡는 것입니다. 콘셉트를 잡는 것은 막막할 수 있기 때문에 좀 더 단계적으로 접근해보겠습니다.

먼저, 궁극적으로 브랜드 계정을 운영하는 목적을 생각하고 그에 맞는 목표를 정해주세요. 그리고 그 목표를 달성하기 위해서 계정이 어떤 모습이면 좋을지, 어떤 내용을 전달해야 할지를 고려한 후 브랜드 메시지를 작성합니다. 최종 브랜드 메시지는 콘셉트를 한 문장으로 표현하는 것으로, 그 문장이 프로필 페이지에서 계정을 설명해주는 글이 될 것입니다.

## 인스타그램 목표 정하기

인스타그램 계정을 운영해서 얻고자 하는 최종 목표를 적어주세요. 내가 달성하고픈 목표는 무엇인지, 팔로워들에게 어떤 이미지로 남고 싶은지 최종 목표 하나를 떠올려서 적어주세요. 또한, 그 목표를 달성하기 위해서는 어떤 내용의 콘텐츠가 있어야 할지 3가지 큰 카테고리 항목을 적어주세요. 인스타그램에서 브랜드를 구축하려면 올리는 콘텐츠에 대해서 명확히 해야 합니다.

예를 들어, PT 강사라면 목표는 사람들의 몸을 변화시키는 것이고 목표에 부합하는 3가지 주요 콘텐츠는 다음과 같이 정리할 수 있습니다.

1. **변화**: 고객의 before&after

2. **운동 아이디어**: 운동 동작을 비디오로만 보여주기

3. **동기 부여**: 동기를 부여할 수 있는 인용문 올리기

이렇게 해서 팔로워와 공유할 핵심 주제가 무엇인지를 인지하세요. 그러고 나서 인스타그램의 목표와 목표를 뒷받침할 수 있는 주요 콘텐츠를 적어보세요.

저자의 계정인 디지털레시피즈@digital_recipes를 예로 들어 작성해보자면, 이 계정의 궁극적인 목표는 인스타그램 브랜딩 커뮤니티 형성입니다. 이 목표를 달성하기 위한 주요 콘텐츠는 다음과 같이 잡았습니다.

1. 인스타그램에 정보 및 방법

2. 브랜딩에 관한 이야기, 사례

3. 커뮤니티를 이룰 수 있는 친근한 개인 생각 및 소식, 커뮤니티 모임, 세미나, 교육 정보

위의 정보를 인스타그램 브랜딩 가이드에 다음과 같이 작성합니다.

목표 정하기 예시

여러분도 목표로 하는 주요 콘텐츠 3~4개 정도를 정해서 양식에 작성해보세요. 이렇게 목표를 분명히 정하면 인스타그램 운영할 때 마음이 흔들리거나 올려야 할 콘텐츠 주제가 헷갈리지 않을 수 있습니다. 목표를 정확히 조준하는 콘텐츠로 한층 더 콘셉트 있는 계정이 될 수 있습니다.

## 브랜드 콘셉트 및 강점 정하기

이제 브랜드의 콘셉트를 정의해보겠습니다. 여러분의 브랜드가 어떤 느낌일지 대략적으로 구성해보세요. 너무 부담 가질 필요 없이, 브랜드를 떠올렸을 때 어떤 느낌이었으면 하는지, 어떤 특징이 있는지 일단 생각나는 대로 써보세요.

잘 떠오르지 않으면 브랜드가 사람이라고 생각하고, 어떤 사람을 겉으로만 봤을 때 어떤 느낌일지, 다른 사람보다 어떤 장점을 가지고 있는지, 어떤 성격인지 의인화해서 표현해도 좋습니다.

콘셉트 정하기 양식에서 왼쪽 칸에는 머릿속에 떠오르는 형용사를 최대한 많이 적습니다. 그리고 오른쪽 칸에는 왼쪽의 형용사 중에서 나의 목표에 적합한 특징은 무엇인지, 타 브랜드와 다른, 나만의 경쟁력 있는 차별점은 무엇인지, 그리고 사회에 기여하고 사람들로부터 공감을 얻을 수 있는 점은 무엇인지 뽑아서 적음으로써 여러분이 가진 계정이 어떤 강점을 가질 수 있는지 파악해보세요.

디지털 레시피즈는 인스타그램 브랜딩에 관련된 온라인 커뮤니티이지만, 오프라인 공간이라면 어떤 분위기가 어울릴지를 떠올리며 작성해보았습니다. 사람들이 편하게 머물 수 있는 카페나 라운지 공간과 관련된 형용사를 적고, 그중에서도 브랜드 목표에 부합하는 점, 차별점은 무엇으로 가져가야 할지, 어떤 부분이 공감을 얻을 수 있을지를 다시 한번 정리했습니다.

# 콘셉트 정하기

이 브랜드가 사람들에게 어떤 이미지로 인식되었으면 하는지 생각해주세요.

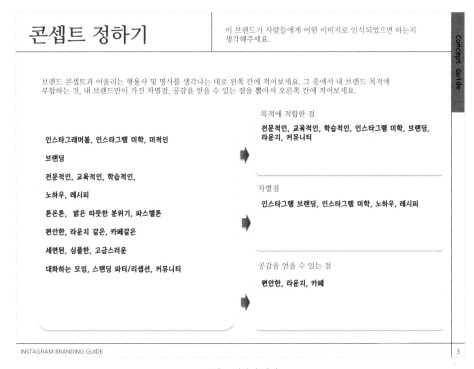

콘셉트 정하기 예시

여러분도 예시를 참고해서 브랜드 계정의 콘셉트 및 강점을 양식에 정리해보세요.

## 브랜드 메시지 정하기

이번에는 브랜드 콘셉트를 다른 사람에게 명료하게 전달하기 위해서 브랜드 메시지를 적어보겠습니다. 인스타그램 브랜딩 전략은 브랜드 메시지로 정리해서 시작해야 합니다. 앞에서 세운 목표와 콘셉트를 합쳐서 브랜드 메시지를 만드는 것입니다.

브랜드 메시지는 브랜드 콘셉트를 명료하게 한 문장으로 표현해야 하며, 좋은 콘셉트는 브랜드 본연의 특성 중 차별화되고 고객에게 어필할 수 있는 것이어야 한다고 앞에서 언급했습니다. 앞서 브랜드 콘셉트에서 차별점과 고객에게 공감가는 요소를 따로 체크해 보라고 했는데, 그를 바탕으로 브랜드 메시지를 만들어보겠습니다.

작성한 목표와 강점을 기반으로 나의 브랜드를 아무도 모르는 사람에게 설명하는 글을 적어주세요. 그리고 그 글에서 브랜드가 가장 지향하는 철학이 담겨 있고 그 문장만 들으면 브랜드가 떠오르는 한 줄의 문장을 뽑아보세요. 그것이 바로 브랜드 메시지입니다.

다음은 디지털 레시피즈에 대해 누군가가 묻는다면 어떻게 설명할 것인지 소개하는 글입니다. 또한, 한 문장으로 브랜드 메시지를 더 명확하게 뽑아보았습니다.

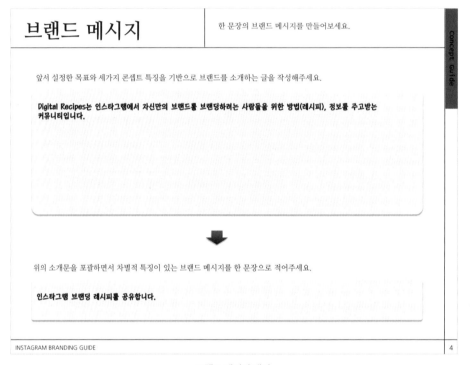

브랜드 메시지 예시

브랜드를 소개하는 글은 남에게 설명하듯이 길게 써도 상관없습니다. 적어보면서 내용이 더 정리될 수 있고, 그 안에 내 브랜드의 차별점이 있는지를 살펴보세요. 브랜드 메시지는 프로필 소개글에도 적을 내용이니 누구나 보면 한눈에 의미를 알 수 있게 쉽게 써주세요.

## 프로필 페이지 작성하기

프로필 사진은 나를 반영하는 사진을 사용합니다. 개인 브랜드인 경우에는 얼굴을 클로즈업해서 보여주는 것을 권장합니다. 또는 직업을 설명해주는 뭔가가 있다면 여러분의 모습과 같이 그것도 보여주세요. 예를 들어, 헤어 아티스트의 경우 가위로 손님의 머리 자르는 모습을 보여준다든지, 반려견이 주인공인 계정은 반려견과 같이 사진을 찍은 모습도 좋습니다. 인스타그램을 운영할 부캐나 페르소나를 설정했다면 그 캐릭터의 대표 사진을 넣어도 됩니다.

사진은 복잡하지 않고 깨끗한 배경에서 찍어야 인물이 잘 돋보여서 좋습니다. 배경색은 브랜드 색상을 포함하면 좋습니다. 또한, 피드에 적용하는 필터가 있다면 동일한 필터를 적용해서 넣는 것이 좋습니다. 브랜드 로고가 있다면 로고를 쓰는 것이 좋습니다.

다음의 프로필 페이지는 인스타그램에서 프로필을 작성할 때와 동일한 항목을 보여줍니다. 실전에 들어가기 전에 미리 작성해 보기 바랍니다.

이름에는 브랜드명을 넣고, 여유가 있다면 주요 검색 키워드를 선정해주세요. 키워드는 글자 수에 제한이 있으니 짧게 넣어주세요. 사용자 이름은 계정 주소와 같아서 고유해야 하므로 인스타그램에서 넣을 수 있는지 확인해보고 정하세요.

웹사이트 옆에는 홈페이지나 쇼핑몰 사이트 링크 1개를 넣어주세요. 소개에는 앞서 설정한 브랜드 메시지를 넣어주세요. 브랜드 고유 해시태그가 있다면 달아주세요.

디지털 레시피즈 프로필 페이지는 다음과 같습니다. 프로필 페이지는 퍼스널 브랜딩보다 커뮤니티 브랜딩에 초점을 맞추고자 로고 이미지를 넣고, 소개글에는 브랜드 메시지와 브랜드 대표 해시태그를 넣었습니다.

DIGITAL
RECIPE

프로필 사진

| 이름 | Digital Recipes 인스타브랜딩 | 국문 또는 영문 브랜드명 예)디지털레시피즈<br>많이 검색하는 키워드를 옆에 추가할 수 있음 예)인스타그램코칭<br>30 바이트 이내로 작성해야 함 |
| --- | --- | --- |
| 사용자 이름 | Digital_recipes | 아무도 사용하지 않는 계정주소(영문) 예)digital_recipes |
| 웹사이트 | skillup.careerly.co.kr/project/2180 | 웹사이트 주소 한 개만 넣을 수 있음 |
| 소개 | 인스타그램 브랜딩 레시피를 공유합니다.<br>#디지털레시피#인스타그램브랜딩#인스타그램코칭 | 주소나 운영시간 등 그 외 비즈니스에 도움이 되는 정보를 넣음.<br>150바이트 내에서 작성해야 함.<br>해시태그를 포함할 수 있음. |

INSTAGRAM BRANDING GUIDE | 5

프로필 페이지 예시

여러분도 프로필 페이지를 이렇게 정리해서 준비하면 실제 프로필을 쉽게 작성할 수 있을 것입니다. 양식에서 프로필 페이지를 적어보고 실제 인스타그램 프로필 페이지에도 적용해보세요.

## 02 _ 스타일 가이드 만들기

이제 본격적으로 계정을 비주얼적으로 어떻게 정의할지 스타일 가이드를 만들어보겠습니다. 앞서 설정한 목표와 브랜드 메시지를 나타나기 위해서 내 계정이 어떤 이미지여야 할지를 생각하면서 스타일 가이드를 작성해주세요.

### 스타일 콘셉트 정하기

먼저 스타일 측면에서 계정의 콘셉트를 잡아보겠습니다. 계정이 어떤 시각적인 모양이나 분위기를 가지면 좋을지에 대한 설명 글을 왼쪽 칸에 자유롭게 적어주세요.

오른쪽에는 설명했던 분위기를 나타내는 예시 사진 9개를 찾아서 넣어주세요. 그리고 그 사진들이 자신이 원했던 스타일이 맞는지 체크해보세요.

예를 들면 디지털 레시피즈가 디지털 서비스에 대해 이야기하지만 보이는 이미지는 편안하고 따뜻한 분위기를 지향하므로 그런 느낌이 나는 공간을 떠올리는 대로 적으면서 커피, 우드, 녹색 식물이 있는 카페 콘셉트로 잡았습니다. 그리고 그런 카페의 이미지와 제가 인스타그램에서 주로 올려야 하는 사진 스타일을 섞어서 9개의 피드를 구성해보았습니다. 자연스럽게 제가 지향하는 콘셉트 스타일이 담긴 피드가 만들어졌습니다.

# 스타일 콘셉트

브랜드 콘셉트와 어울리는 형용사나 명사를 적어보고 그 콘셉트와 어울리는 이미지를 찾아서 붙여주세요.

브랜드 목적, 메시지에 어울리는 형용사나 명사 또는 어떤 분위기이어야 하는지 적어보세요. 생각하는 분위기와 비슷한 영화나 그림이 있다면 적어주세요.

디자인, 예술 커뮤니티 같은 모임 분위기

Ace hotel의 카페 분위기,

모던한 도서관 분위기,

스타야 서점같은, 카페가 있는 서점 분위기

편안한 라운지 분위기

디지털 기기와 우드 인테리어가 복합적으로 있는 애플스토어

커피, 우드, 녹색 식물이 있는 카페

왼쪽에서 설명한 분위기와 어울리는 사진이나 이미지로 브랜드가 지향해야 하는 스타일 사진 9개를 찾아서 넣어주세요.

스타일 콘셉트 예시

여러분도 이런 방식으로 브랜드 스타일 콘셉트를 시각해보세요.

## 사진 스타일 정하기

이번에는 사진 스타일을 정의해보겠습니다. 먼저 계정에 어떤 사진을 올려야 할지 카테고리별 대표 사진을 나열해주세요. 실제 올릴 사진을 가지고 기획하면 더 좋습니다.

위쪽 칸에는 대표적인 스타일이 드러나는 사진을 넣어주세요. 아래쪽 칸에는 놓쳐서는 안 되는 특징이 있을 경우 그에 관한 가이드 설명을 넣어주세요. 예를 들어 내 계정만의 특별한 구도, 제품의 배열 방식, 사람들을 찍는 방식이 있다면 적어주세요.

디지털 레시피즈를 예로 들면 자주 사용하는 사진 스타일 4가지를 보여주고, 하단에는 사진의 구도나 디자인이 어떻게 되어야 하는지 설명을 넣었습니다.

사진 스타일 예시

여러분도 어떤 스타일의 사진을 계정에 올릴지 대표적인 사진 스타일을 정하고, 가이드 설명을 적어주세요. 나만의 사진 스타일을 갖는다면 차별점이 있는 브랜드가 될 수 있습니다.

## 사진 톤/필터 정하기

사진의 스타일이 정해졌다면 이번에는 사진의 톤을 정해보겠습니다.

계정에서 사용할 사진 톤의 기준이 될 필터 또는 그런 톤을 가진 사진을 왼쪽에 넣어주세요. 그리고 그 필터를 9개의 사진에 일괄 적용해서 오른쪽 그리드에 넣어 배치해보세요.

필터는 가급적 한 가지를 선택해서 똑같이 적용하는 것이 좋고, 필요에 따라서 다른 필터를 넣을 수는 있지만, 종류가 크게 벗어나지 않는 것이 좋습니다. 비슷한 톤으로 필터를 1개 더 추가할 수도 있습니다. 필터를 9개의 사진에 적용했을 때 피드에서 한 톤으로 응집력 있게 보이는지 확인해보세요.

디지털 레시피즈는 밝고 따뜻한 톤을 추구해서 모든 사진에 PhotoScape X 프로그램의 Gourmand 필터를 입혀서 업데이트합니다. 스타일 콘셉트에서 구성한 사진에 너무 어둡거나 너무 밝은 사진이 포함되어 있을 수 있는데, 모든 사진에 같은 필터를 사용하면 사진 톤이 튀지 않고, 하나의 분위기를 형성합니다.

사진 톤/필터 예시

여러분도 브랜드의 콘셉트와 잘 맞는 필터를 선정해서 같은 톤으로 사진을 올려주세요. 미묘한 차이가 브랜딩의 핵심적인 역할을 할 수 있습니다.

## 컬러 팔레트 정하기

이번에는 브랜드 컬러 팔레트를 정해서 브랜드 색상을 정해보겠습니다.

다섯 가지 색깔로 브랜드 컬러 팔레트를 만드는 것이 좋은데, 구성은 메인 컬러 두 개, 서브 컬러 두 개, 포인트 컬러 한 개의 비율로 정해주세요. 메인 컬러는 브랜드를 대표하는 색깔입니다. 그래서 로고와도 연관될 수 있습니다. 서브 컬러는 메인 컬러를 받쳐주는 색이기 때문에 메인 컬러와 잘 어울리거나 유사색이 될 수 있으며, 채도는 달라도 좋습니다. 그리고 텍스트 색상이라든지 강조할 때 쓸 포인트 컬러를 정해주세요.

색상을 선택하기가 어렵다면 내가 올릴 사진을 9개를 그리드로 구성해보고 그중 어떤 색이 많이 쓰이는지를 파악해서 선정해주세요. 일관된 컬러로 지속된다면 그 색상 및 톤으로 브랜딩할 수 있습니다.

인스타그램 계정에서 지속적으로 사용할 5가지 컬러 팔레트를 만들어보세요. 추가 색상이 필요하다면 하단에 더 추가하면 됩니다.

우드 공간을 콘셉트로 정한 디지털 레시피즈는 메인 컬러도 우드 브라운 톤의 컬러 2개를 선정했고, 서브 컬러는 배경이나 여백에서 활용한 연한 아이보리 계열의 컬러 2개를 선정했습니다. 그리고 글씨를 쓰거나 디바이스를 표현할 때 쓸 수 있는 블랙 컬러를 포인트 컬러로 잡았습니다. 이 외에도 디자인할 때는 쓰지 않지만 사진에 녹색 식물을 중간중간 담을 예정이므로 그린 컬러도 포인트 컬러에 추가한다고 적었습니다.

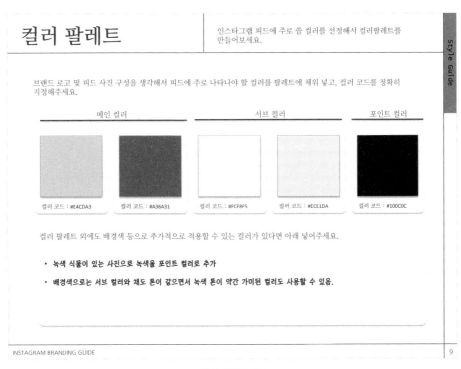

컬러 팔레트 예시

컬러 팔레트를 정하면 어떤 색감의 사진으로 올려야 할지 감을 잡을 수 있습니다. 스타일 콘셉트 분위기를 잘 나타낼 수 있는 컬러를 연상해서 컬러 팔레트를 완성해보세요.

## 그리드 레이아웃 정하기

그리드 레이아웃은 사실 선택 사항입니다. 보통 일정한 룰 없이 사진을 올리는 경우가 많습니다. 그럴 때는 여백을 어느 정도 처리할지에 대한 가이드가 있는 것이 좋습니다. 다만, 내가 주로 올리는 사진의 스타일이 어떻게 균형 있게 배치되면 좋을지 한 번은 그리드 레이아웃을 그려보면서 자신만의 가이드를 가지는 것이 좋습니다.

특별히 적용해야 할 가이드가 있다면 왼쪽 칸에 적어주세요. 그리고 그 룰을 반영해서 자신의 사진 9개를 그리드에 배치해주세요. 사진을 그리드에 레이아웃해 보면서 필요한 룰이 생각날 수도 있습니다. 그리드 레이아웃을 해보면 전체적인 구성을 볼 수 있어 아름다운 피드 디자인을 갖게 도와줍니다.

디지털 레시피즈의 그리드 레이아웃은 기본적으로 1:1 비율의 사진을 올리는 스퀘어형입니다. 특별한 테두리 설정을 하지 않지만, 사진에서 여백이 있는 심플한 구도의 사진을 선호하고, 복잡한 구도의 사진 옆에는 여백이 있는 사진을 배치합니다. 이런 룰을 적용해서 그리드의 사진을 재배치해보니 좀 더 보기 좋고 균형 있는 피드가 만들어졌습니다.

그리드 레이아웃 예시

9개의 피드에 올려야 할 사진을 미리 배치해보면서 나만의 그리드 레이아웃 스타일을 정의해보세요.

## 폰트 스타일 정하기

다음은 폰트 스타일입니다. 인용문을 공유하거나 피드 이미지에 문구를 써야 할 경우 항상 동일한 폰트를 사용하세요. 이것 역시 인스타그램을 브랜드화하고 응집력 있게 보이게 합니다.

계정이 추구하는 목표나 분위기를 고려해서 어떤 폰트를 써야 할지 정해주세요. 그리고 그 폰트를 적용한 사진과 더불어 인용문을 어떻게 배치해야 할지 디자인하세요.

디지털 레시피즈의 경우 영문과 국문 폰트를 각 상황에서 어떻게 써야 할지 정의했습니다. 그리고 그 가이드를 적용한 샘플 이미지를 하단에 배치해서 어떤 폰트 스타일을 어떤 디자인으로 사용해야 하는지 알 수 있습니다.

폰트 스타일 예시

한두 가지 사용할 폰트를 정해서 나만의 시그니처 스타일을 만들어보세요.

## 스토리 스타일 정하기

최근에 스토리는 피드만큼 중요한 콘텐츠가 되었습니다. 그래서 스토리도 특정 시그니처 스타일을 갖고 일관성 있게 업로드하는 것이 필요합니다.

어떤 스토리 유형을 사용할지, 그리고 콘텐츠별 스토리의 스타일은 어떻게 만들어서 게시할지 기획해보세요. 인스타그램에서 제공하는 스티커를 활용한다든지, 디자인 툴을 사용해서 자유롭게 디자인해주세요.

브랜딩을 하기 위해서 인스타그램 스토리를 제작할 때 동일한 편집 스타일을 사용하는 것이 좋습니다. 포맷과 사진 필터, 폰트 등을 지속적으로 일정하게 적용해야 브랜딩할 수 있습니다.

디지털 레시피즈는 스토리를 주로 3가지 용도로 활용합니다. 게시물 업데이트 알림 용도, 팔로워들의 의견을 듣는 용도, 스토리로만 내용을 알릴 용도입니다. 용도별로 어떤 디자인을 사용할지 예시 이미지와 그에 대한 설명을 하단에 정의했습니다.

스토리 예시

이렇게 스토리 스타일을 정의해놓으면 스토리를 올릴 때 고민하지 않고 올릴 수 있고, 스토리에도 일관성이 적용되어 브랜드를 상징하는 나만의 스타일을 가질 수 있고, 사용자들이 내 브랜드 스타일을 알아보기 좋습니다.

## 스토리 하이라이트 정하기

스토리를 올린다면 스토리 하이라이트도 같이 기획해야 합니다. 스토리 하이라이트는 앞서 설정한 브랜드 컬러 팔레트의 색을 따르는 것이 좋으며 피드 색상에도 잘 어울릴 수 있게 구상합니다.

하이라이트에는 일관된 스타일이 있어야 합니다. 구상한 하이라이트를 원 모양으로 배치하거나 실제 인스타그램에 업로드할 때처럼 직사각형 이미지 중앙에 하이라이트를 배치해서 스타일을 정해주세요.

디지털 레시피즈의 스토리 하이라이트는 프로필 사진에 있는 로고 디자인과 동일한 스타일로 구성해서 일관성을 유지했습니다.

스토리 하이라이트 예시

여러분도 하이라이트 디자인과 제목을 정해서 프로필 페이지에 멋지게 적용해보세요.

## 무드보드 만들기

지금까지 기획한 브랜드 메시지, 프로필 사진, 컬러 팔레트, 하이라이트, 사진 스타일 및 그리드 레이아웃, 스토리 스타일, 폰트 스타일 등을 한 장의 무드 보드에 담아서 브랜드 인스타그램의 스타일 가이드를 한 장에 보기 좋게 넣어서 완성해주세요. 앞으로 콘텐츠를 제작 및 운영할 때 이 스타일 가이드가 기준이 될 것입니다.

지금까지 디지털 레시피즈의 스타일로 정의한 요소를 한 장의 무드보드에 다음과 같이 담았습니다. 이 한 장만 보더라도 디지털 레시피즈 인스타그램의 모습을 알 수 있습니다.

무드보드 만들기 예시

스타일 가이드에 내용을 충실히 작성했다면 무드보드를 쉽게 만들 수 있습니다. 브랜드 스타일을 한 장으로 보여주는 무드보드를 만들고 싶지 않나요? 어렵지 않으니 하나씩 만들어보세요.

## 03 _ 콘텐츠 가이드 만들기

이번에는 콘텐츠 가이드를 작성해보겠습니다. 앞에서 계정의 목표를 설정하면서 그 목표를 뒷받침하기 위해 어떤 콘텐츠가 올라갈지 대략 큰 주제는 구상했습니다. 콘텐츠 가이드에서는 조금 더 구체적인 내용을 기획합니다.

이 기획서는 본인만 사용할 수도 있지만, 나중에 같이 인스타그램을 운영할 사람이 생겼을 때 그 사람에게 계정을 소개해주는 안내서라고 생각하고 최대한 쉽고 구체적으로 적어주세요.

### 콘텐츠 카테고리 정하기

가장 핵심이 되는 콘텐츠 카테고리를 적고 주 내용을 기술해보세요. 우선 다시 한 번 브랜드 메시지를 적어보겠습니다. 콘텐츠는 언제나 브랜드 메시지를 지지해야 하기 때문입니다. 인스타그램 브랜딩을 원한다면 올리는 콘텐츠에 대한 기준이 명확해야 합니다.

너무 많은 종류의 콘텐츠를 올려도 목적을 잃기 쉬우니 브랜드 메시지와 관련된 큰 카테고리의 콘텐츠 3~4개 정도 적고 그 옆에 구체적으로 어떤 콘텐츠가 올라갈지 설명해주세요.

디지털 레시피즈는 인스타그램 브랜딩 커뮤니티를 위한 공지사항 외 크게 3가지 카테고리를 선정했습니다. 인스타그램 레시피, 브랜딩 레시피, 라이프 레시피에서 각각 어떤 콘텐츠를 담을지 설명함으로써 이 계정 콘텐츠의 큰 기획을 해보았습니다.

# 콘텐츠 카테고리

브랜드 메시지를 전할 수 있는 대주제의 카테고리를 선정해주세요.

브랜드 메시지를 다시 한번 적고, 큰 카테고리의 콘텐츠를 3~4개를 선정해서 어떤 내용을 담을지 설명을 넣어주세요.

브랜드 메시지 : **인스타그램 브랜딩 레시피를 공유합니다.**

| 카테고리 | 설명 |
|---|---|
| 인스타그램 레시피 | 인스타그램을 사용할 때 유용한 팁을 디지털에서 하나하나 따라할 수 있는 레시피처럼 제공 |
| 브랜딩 레시피 | 브랜딩을 하는 방법이나 인스타그램에서 브랜딩을 잘 하고 있는 브랜드 계정을 소개 |
| 라이프 레시피 | 커뮤니티 일원들과 소통할 수 있는 친근한 일상 소재를 전함 |
| 공지사항 | 커뮤니티 주요 공지사항 및 교육, 세미나 등 소식을 전함 |

INSTAGRAM BRANDING GUIDE

15

콘텐츠 카테고리 예시

목표 정하기에서 정했던 주요 콘텐츠 3개를 유념해서 콘텐츠 카테고리를 만들어보세요. 그래야 목표를 달성할 수 있는 계정이 됩니다.

## 콘텐츠 상세 기획하기

이번에는 콘텐츠 상세 기획을 해보겠습니다. 앞 페이지에 콘텐츠에서 어떤 주제에 대해 다루겠다고 썼다면 이번에는 그 카테고리에서 어떠한 콘텐츠를 제작해서 올릴지 적는 것입니다.

카테고리별로 어떤 콘텐츠이고 어떤 이미지를 사용하고 어떤 캡션 내용을 담을지를 표에 적습니다. 그리고 브랜드 해시태그 및 해당 콘텐츠에 꼭 들어가야 할 해시태그, 업로드 주기 및 시기를 기획해서 넣어주세요.

콘텐츠 상세 기획은 카테고리별로 어떤 콘텐츠가 해당하는지 참고할 수 있게 기준이 되는 가이드입니다. 디지털 레시피즈와 상세 기획을 예시로 작성했지만, 콘텐츠를 업데이트할 때마다 이러한 기준으로 상세 기획을 계속 하고 있습니다. 상세 기획표는 꼭 이 양식이 아니더라도 꼭 마련해서 계획성 있게 작성해보세요. 다른 직원들과 콘텐츠 회의를 할 때도 참고가 될 수 있고, 개인적으로 혼자 사용할 때도 콘텐츠 기획을 간단히 하고 제작 및 운영할 때 참고할 수 있습니다.

# 콘텐츠 상세 기획

올릴 콘텐츠의 상세 내용을 기획해서 적어주세요.

실제로 올릴 콘텐츠가 어떤 내용으로 올라가야 할지 설명을 아래 표에 넣어주세요.

| 카테고리 | 콘텐츠 주제/제목 | 사진/영상/이미지 | 캡션 주요 내용 | 해시태그 | 업로드 주기 | 업로드 시간 |
|---|---|---|---|---|---|---|
| 인스타그램 레시피 | 릴스에 광고 적용이 좋은 것일까? | 미국 계정 중 릴스 광고 사례 이미지 | 미국 릴스 광고 사례 소개, 국내 적용 시 어떤 점이 좋을지 소개, 광고에 대해서 어떻게 생각하는지 의견묻기 | #디지털레시피#인스타그램레시피#릴스#릴스광고#인스타그램광고 | 월요일 1회 | 9 PM |
| 브랜딩 레시피 | 멜릭서 (Melixir) | 멜릭서 인스타그램의 대표적인 사진 9개를 그리드 구성 | 브랜드 소개, 브랜드 컨셉 및 컬러톤, 인스타그램 사진 소개, 브랜딩 관점에서 분석 | #디지털레시피#브랜드레시피#멜릭서#인스타그램기획#인스타그램디자인#브랜드디자인#브랜드컨셉 | 수요일 1회 | 9 PM |
| 라이프 레시피 | '노 필터' 책 소개 | '노 필터' 책 사진. 심플한 배경 위에서 촬영 | 책 소개, 인상깊은 부분 소개, 책 추천 | #디지털레시피즈#라이프레시피#북스타그램#책스타그램#도서스타그램#책추천#노필터#케빈시스트롬#인스타그램이야기 | 금요일 1회 | 9 PM |

콘텐츠 상세 기획 예시

각 카테고리별 콘텐츠를 기획하고, 주요 해시태그, 업로드 주기, 업로드 시간대를 콘텐츠가 노출되기 좋게 계획해보세요.

## 캡션 가이드 만들기

캡션을 쓸 때도 쓰는 말투나 구성이 일관적이어야 합니다. 내용을 쓸 때 시작 부분에서 어떻게 시작할지, 중간 내용은 어떻게 들어갈지, 마지막에는 어떤 말투로 끝낼지 하는 규칙이나 예시 콘텐츠를 넣어주세요.

나만의 캡션을 쓰는 방법을 만들어서 브랜드화 해보세요. 브랜드 보이스가 재미있을지, 전문가적일지, 짧게 영감을 주는 식일지를 생각해보세요. 제목으로 시작할지, 질문으로 시작할지, 강한 문장으로 시작할지 정해보세요. 마지막은 어떻게 마무리 멘트를 넣어야 할지 고정적으로 따라야 할 가이드가 있다면 적어주세요.

디지털 레시피즈 캡션은 시작, 중간, 마지막 쓰는 방식에 일관성이 있습니다. 다음과 같은 캡션 가이드를 정리해서 적용하고 있습니다.

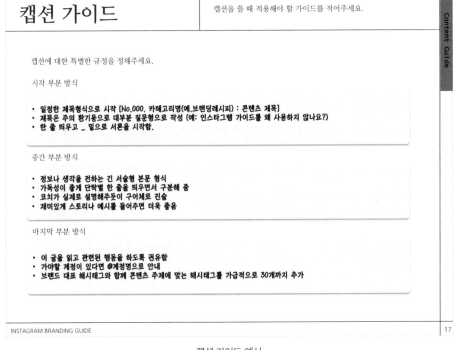

캡션 가이드 예시

캡션 가이드를 이렇게 정해 놓으면 매번 캡션 글을 쓸 때 이 형식에 맞춰서 쓸 수 있어 글도 잘 작성되고 브랜드만의 말하는 스타일도 형성됩니다. 여러분도 어떤 스타일로 캡션을 구성할지 자신만의 스타일을 만들어보세요.

## 해시태그 가이드 만들기

기본으로 모든 콘텐츠에 들어가야 할 브랜드를 대표하는 해시태그를 정하고 그 외에도 카테고리별 주제를 적고, 그 주제에 대한 대형, 중형, 소형 해시태그를 찾아서 해시태그 목록을 만들어보세요.

초반에는 소형 해시태그 사용 비중을 늘리고, 그 소형 해시태그로 검색했을 때 인기 게시물의 첫 번째 페이지에 콘텐츠가 노출이 되는지 확인하세요. 노출이 잘 된다고 판단되면 그다음에 더 많은 사람이 검색하는 중형, 대형 해시태그의 비중을 점차 늘려주세요.

디지털 레시피즈는 주요 키워드인 '브랜딩 커뮤니티'와 '인스타그램 브랜딩 전략'에 대한 해시태그를 다음과 같이 뽑았습니다.

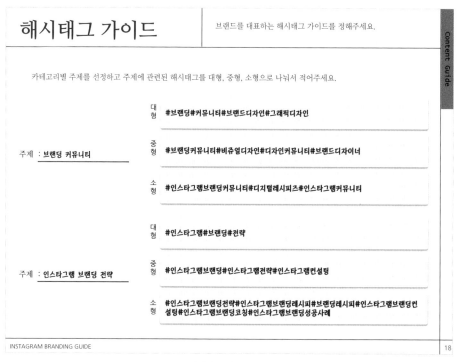

해시태그 가이드 예시

245

대표적인 해시태그 외에도 콘텐츠별로 필요한 해시태그가 있을 겁니다. 해시태그 가이드는 1장만 작성하지 말고 키워드별로 작성해서 나만의 해시태그 리스트를 갖고 활용하세요.

## 04 _ 운영 가이드 만들기

이번에는 운영 가이드를 작성해보겠습니다. 운영에서도 역시 일관성이 중요합니다. 브랜드의 목적에 따라 브랜드를 어떤 운영자가 어떻게 운영하면 좋을지 매뉴얼 작성한다고 생각하고 작성해주세요.

### 운영 페르소나 설정하기

우선 운영자의 페르소나를 설정해주세요. 운영자가 여러 명이라도 이 페르소나로 분한다면 일관되게 한 사람이 운영하는 것처럼 보일 수 있습니다.

페르소나에 대한 설명을 읽으면 누구나 비슷한 인물이 떠오르도록 구체적으로 적어주세요. 예를 드는 것도 좋습니다. 어떤 배우라든지, 어떤 브랜드를 좋아하는 사람이라든지, 어떤 공간에 어울리는 사람이라든지, 취향이나 애티튜드가 어떤지 등을 상상해서 브랜드에 어울리는 페르소나를 만들어주세요.

페르소나와 어울리는 브랜드, 인플루언서가 있다면 추가로 적어보세요. 이는 페르소나를 이해하는 데도 도움이 되고 추후에 콜라보레이션 마케팅을 운영할 때도 참고할 수 있습니다.

디지털 레시피즈 운영 페르소나는 다음과 같이 설정해보았습니다. 페르소나는 사람들이 이 계정을 어떤 사람과 소통하면 좋을까를 생각하면서 가상의 인물을 정해보았습니다.

# 운영 페르소나 설정

운영자를 대표할 페르소나를 묘사해주세요.

운영자를 한 명의 사람이라고 생각하고 그 사람의 성격, 생각 등 운영자의 캐릭터를 묘사해주세요.

**운영 페르소나 이름 : Coach_J**

**성격**

- 커피, 책, 디자인을 좋아하는 힙한 커뮤니티장
- 이야기하는 것을 좋아하는 자유로운 영혼
- 딱딱한 정장보다는 편안한 캐주얼한 분위기

위의 캐릭터와 잘 어울리는 타 브랜드 또는 인플루언서를 적어주세요. (추후 협업을 염두하고 생각해주세요)

- IT전문서 출판사 '위키북스'
- 일하는 사람들의 구독 서비스 '퍼블리(PUBLY)'
- 커뮤니티 공간 '쿄사이어티' @cociety_

운영 페르소나 설정 예시

페르소나를 연상하기 좋은 사진이 있다면 사진을 보면서 성격 등을 묘사해보세요.

## 운영 가이드 만들기

운영자가 항상 지켜야 할 가이드를 정해주세요. 운영할 때 고객 응답은 어떤 방식으로 해야 할지 브랜드마다 운영 매뉴얼이 있을 것입니다. 앞서 설정한 페르소나의 성격이나 애티튜드에 맞게 행동하려면 어떻게 해야 할지를 정해주세요.

또한 운영자는 이벤트나 마케팅 진행 시 어떤 방식으로 하면 좋을지 정해주세요. 이런 모든 면이 브랜드를 일관된 모습으로 보여주는 브랜딩의 요소가 됩니다.

디지털 레시피즈의 운영 가이드는 앞서 운영 페르소나로 설정한 Coach_J가 실제로 사람들과 어떻게 소통하고 행동할지를 상상하면서 행동 가이드를 적었습니다. 브랜딩에 대해서 관심있는 사람들과 커뮤니티를 형성한다는 목표에도 부합되도록 작성해야 합니다.

247

# 운영 가이드

운영자의 캐릭터를 묘사해주시고, 어떻게 응답할지 적어주세요.

운영자 캐릭터를 반영해서 이 캐릭터가 운영 시 어떻게 응답할지 등의 행동 가이드를 정해주세요.

- 친근한 대화체 사용하여 자유롭게 말할 수 있는 분위기 조성
- 생각해보게 하거나 행동을 유발하게끔 질문형, 답변 유도형 말로 권유
- 지속적인 재방문이 될 수 있도록 질문/댓글에 대해서 답변을 빠르고 반갑게 환영하면서 답하기

운영자 캐릭터를 반영해서 이 캐릭터가 운영하는 이벤트는 어떤 방식일지 적어주세요.

- 인스타그램 브랜딩 고민 사연을 받아 컨설팅 제시를 인스타그램에 공유하면서 '인스타그램 브랜딩'에 대한 필요성을 느끼고 관심을 불러모을 수 있는 이벤트
- 인스타그램 브랜딩에 관련된 오프라인 세미나/교육 커뮤니티 모임 이벤트 개최

운영자 캐릭터를 반영해서 이 캐릭터가 광고를 한다면 어떤 방식일지 적어주세요.

- 비주얼로 소통하는 광고 (텍스트보다는 사진으로 보여주는 게시물 형식)
- 게시물 콘텐츠를 활용하여 자연스러운 콘텐츠 광고형
- 타 브랜드의 브랜딩을 홍보해주는 브랜디드 콘텐츠형

INSTAGRAM BRANDING GUIDE

20

운영 가이드 예시

이 계정의 목표나 운영 페르소나의 철학이 명확하다면 운영 가이드를 세세하게 상황별로 적지 않아도 어떻게 행동할지 그릴 수 있습니다. 운영 페르소나의 행동이 브랜드 목표와 일치하고 늘 일관성 있게 이루어질 수 있도록 가이드를 정해보세요.

## 운영 스케줄 만들기

이번에는 운영 상세 계획을 짤 수 있는 운영 캘린더를 작성해보겠습니다.

먼저 일주일 동안 고정적으로 올라가야 할 스토리나 피드 콘텐츠를 해당 요일에 표시해주세요. 사진과 함께 간단한 제목을 적거나 콘텐츠 항목의 색상을 카테고리별로 다르게 하면 전체적인 분포를 쉽게 파악할 수 있습니다.

광고나 중요한 프로모션 이벤트가 진행된다면 그에 맞춰서 어떤 콘텐츠가 진행되어야 하는지 일정을 표시해주세요. 필요한 항목이 있다면 더 추가해도 좋습니다. 휴일이나 기념일을 체크해보고 브랜드가 해야 할 일이 있다면 기획해보세요.

디지털 레시피즈의 콘텐츠 발행 날짜를 월간 캘린더에 다음과 같이 작성해보았습니다. 카테고리별로 어떤 주제의 콘텐츠가 나갈지 혹은 이미지가 제작되어 있다면 같이 넣어서 보면 더 보기 좋습니다. 이렇게 월간 캘린더를 작성하면 한 달 동안 어떤 콘텐츠가 어떤 빈도로 나갈지 한눈에 파악할 수 있습니다.

# 운영 스케줄

월 운영 캘린더를 작성해주세요.

콘텐츠(사진,영상,스토리), 광고, 이벤트 업로드 스케줄을 월간 캘린더에 표시해주세요.

| | 월 | 화 | 수 | 목 | 금 | 토 | 일 |
|---|---|---|---|---|---|---|---|
| 1주 | 인스타그램레시피 (게시물/스토리) 9PM | 공지사항(스토리) 9PM | 브랜딩레시피 (게시물/스토리) 9PM | | 브랜딩레시피 (게시물/스토리) 9PM | | |
| 2주 | 인스타그램레시피 (게시물/스토리) 9PM | 설문조사(스토리) 9PM | 브랜딩레시피 (게시물/스토리) 9PM | 설문조사 피드백(스토리) 9PM | 브랜딩레시피 (게시물/스토리) 9PM | | |
| 3주 | 인스타그램레시피 (게시물/스토리) 9PM | 이벤트 공지(게시물) 9PM | 브랜딩레시피 (게시물/스토리) 9PM | | 브랜딩레시피 (게시물/스토리) 9PM | | |
| 4주 | 인스타그램레시피 (게시물/스토리) 9PM | 광고 집행 9PM | 브랜딩레시피 (게시물/스토리) 9PM | | 브랜딩레시피 (게시물/스토리) 9PM | | |

INSTAGRAM BRANDING GUIDE

21

운영 스케줄 예시

이렇게 해서 브랜드의 인스타그램 가이드를 완성했습니다.

앞으로 이 브랜드 가이드는 인스타그램 콘텐츠 제작이나 운영 시 기준이 될 것입니다. 운영하면서 추가로 더 필요한 부분이 있다면 추가해도 좋습니다.

마지막으로, 지금까지 설명한 인스타그램 브랜딩 레시피를 정리하면 다음과 같습니다.

**RECIPE** 인스타그램 브랜딩 레시피

1. 계정의 목적이 되는 브랜드 메시지를 만드세요.

2. 브랜드 메시지를 전달할 콘텐츠를 구상하세요.

3. 콘텐츠를 효과적으로 구현할 그리드 레이아웃을 디자인하세요.

4. 모든 사진은 같은 보정 필터를 사용해서 올려주세요.

5. 브랜드의 컬러를 정하세요.

6. 사진의 배경을 통일하거나 전체 피드 색감과 어울리는지 신경 써주세요.

7. 같은 폰트를 써주세요.

8. 스토리의 스타일을 정해주세요.

9. 스토리 하이라이트 아이콘을 디자인해주세요.

10. 계정이 어떤 곳이고 어떤 도움을 줄 수 있는지 프로필 정보를 입력해주세요.

11. 팔로워가 원하는 내용을 스토리를 살려 올려주세요.

12. 검색될 수 있는 해시태그를 잘 찾아서 올려주세요.

13. 비슷한 주제의 계정과 상호작용 하세요.

14. 피드를 일관성 있게 꾸준히 올려주세요.

위의 레시피 가이드대로 기획한 후 인스타그램을 한 번 만들어보세요. 여러분만의 브랜드 공간을 인스타그램에서 멋지게 만들 수 있을 것입니다.

브랜딩의 가장 중요한 요소는 일관성이라는 것을 잊지 말고 가이드를 생각하며 계정을 운영해주세요. 콘텐츠를 꾸준히 올리려면 스스로 즐겨야 합니다. 그리고 인스타그램 운영은 팔로워 수를 늘리는 데 급급한 게임이 아니라, 브랜드를 믿고 따라올 진정한 팬을 만들고 그 팬들과 커뮤니티를 만드는 것임을 잊지 마세요.

지금까지 인스타그램을 브랜딩하는 방법과 실습을 위한 가이드 양식을 소개했는데, 정말 중요한 것은 여러분이 직접 해보는 것입니다.

지금 시작하세요!

# 에필로그

모든 사람이 미디어가 될 수 있는 세상입니다. 인스타그램이라는 주어진 미디어를 가지고 나 또는 내가 운영하는 브랜드를 사람들에게 알리고 매력적으로 보이게 하여 비즈니스를 잘 할 수 있습니다. 그런데 많은 사람이 자신을 알리고 매력적으로 보이는 것보다 비즈니스의 성공에만 관심을 가지고 있는 듯합니다.

그런 현실이 안타까워서 모두가 인스타그램 마케팅을 이야기할 때 저는 인스타그램 브랜딩을 강조했습니다. 지금 당장 팔로워 수를 늘리는 것보다 누가 찾아와도 자신 있게 보여줄 수 있는 브랜드 미디어를 만들어야 합니다. 일관된 모습으로 브랜딩되어 고객에게 신뢰를 받을 수 있으면 내 브랜드를 사랑해줄 사람들이 저절로 찾아오고 비즈니스는 자연스럽게 성장한다고 생각합니다. 이 느린 전략이 시장에서 얼마나 환영받을지는 모르지만, 저와 비슷한 생각을 가지고 있는 많은 마케터와 창업주분들을 만나고 싶어서 이 책을 썼습니다.

처음에는 인스타그램 브랜딩에 관한 모든 것을 다루는 바이블같은 책을 써야겠다고 야심 차게 시작했는데, 쓰면 쓸수록 내가 하고 싶은 모든 이야기를 할 수 있을까 하는 생각이 들었습니다. 모두가 자신의 비즈니스를 하느라 참 바쁜 세상입니다. 인스타그램도 자신의 영역을 확장하기 위해서 알고리즘을 더 복잡하게 만들고 새로운 기능을 계속 내놓고 있습니다. 그때마다 새로운 기능을 파악하느라 인스타그램 운영자도 바빠집니다. 게다가 인스타그램 콘텐츠는 점점 더 진정성, 창의성, 일관성을 강조하는 분위기입니다. 이런 상황에서 인스타그램을 계속 해야 할까요?

제 대답은 '그렇다'입니다. 왜냐하면 인스타그램으로 성공하는 케이스가 심심치 않게 보이기 때문입니다. 성공이라는 의미는 사람마다 다를 수 있습니다. 제가 유의미하게 보는 인스타그램에서 성공한 케이스는 자신만의 개성을 잘 살려서 매력적으로 어필하고, 그 점을 좋게 봐주는 사람들을 리딩하는 사람들이었습니다. 팔로워의 숫자도 아주 상대적이라 어떤 숫자가 좋은 숫자인지 모르겠으나, 적은 팔로워 수를 가졌어도 그 커뮤니티가 아주 끈끈한 유대관계를 갖고 있다면 대형 채널보다도 더 큰 영향력을 가질 수 있습니다. 아무도 몰랐던 브랜드를 단 몇 백 명이라도 알게 된다면 의미 있는 일 아닐까요? 그 몇 백 명이 적극적으로 주변에 알려줄 정도의 열정을 가졌다면 그 채널은 성장 가능성이 크다고 볼 수 있습니다.

기대가 클 때 가장 중요한 것은 실망시키지 않는 것입니다. 기대에 부응하는 콘텐츠를 계속해서 일관된 스타일로 보여줘야 합니다. 그렇게 하기 위해서는 즉흥적으로 사진을 올리기보다 좀 더 계획하고 고민해서 정성껏 한 피드 한 피드씩 쌓아 올려야 합니다.

언제나 처음 목표로 했던 것을 잊지 마세요. 중간에 슬럼프가 올 수도 있고, 때로는 인스타그램 번아웃이 와서 디톡스가 필요할 수도 있지만, 결과만 생각하지 말고 과정을 즐기면서 인스타그램을 했으면 합니다.

인스타그램을 통해 브랜드를 성장시키고 싶은 마케팅 담당자, 창업주 또는 자기 자신을 퍼스널 브랜딩하고 싶은 개인에게 이 책이 도움이 되었으면 합니다. 저의 인스타그램 브랜딩 레시피를 참고 삼아 각자의 브랜딩 레시피가 더 활성화되면 더할 나위 없이 기쁠 것입니다.

Appendix

〜〜〜

# 부록

# Instagram Branding Guide

본 문서는 인스타그램 브랜딩을 위한 가이드입니다.
기획부터 스타일, 콘텐츠 제작, 운영까지 모든 단계에 대한 가이드를 제시하고 있습니다.
인스타그램 계정 운영에 일관되게 가이드를 적용하여 브랜딩을 수행하게 합니다.

## 목표 정하기

인스타그램을 운영하는 목적을 생각해주세요.

인스타그램 운영 시, 최종적으로 이루고자 하는 목표 1개를 적어주세요.

위의 목표를 이루기 위해서 인스타그램에 필요한 내용은 무엇일지 주요 콘텐츠 3개 정도를 적어주세요.

# 콘셉트 정하기

이 브랜드가 사람들에게 어떤 이미지로 인식되었으면 하는지 생각해주세요.

브랜드 콘셉트과 어울리는 형용사를 생각나는 대로 왼쪽 칸에 적어보세요. 그 중에서 내 브랜드 목적에 부합하는 것,
내 브랜드만이 가진 차별점, 공감을 얻을 수 있는 점을 뽑아서 오른쪽 칸에 적어보세요.

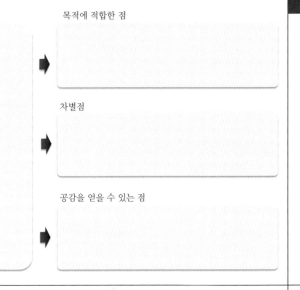

목적에 적합한 점

차별점

공감을 얻을 수 있는 점

INSTAGRAM BRANDING GUIDE

3

# 브랜드 메시지

한 문장의 브랜드 메시지를 만들어보세요.

앞서 설정한 목표와 세가지 콘셉트 특징을 기반으로 브랜드를 소개하는 글을 작성해주세요.

위의 소개문을 포괄하면서 차별적 특징이 있는 브랜드 메시지를 한 문장으로 적어주세요.

INSTAGRAM BRANDING GUIDE

4

# 프로필 페이지

프로필 페이지 내용을 작성해보세요.

프로필 사진

이름 _____

국문 또는 영문 브랜드명 예)디지털레시피즈
많이 검색하는 키워드를 옆에 추가할 수 있음 예)인스타그램코칭
30 바이트 이내로 작성해야 함

사용자 이름 _____

아무도 사용하지 않는 계정주소(영문) 예)digital_recipes

웹사이트 _____

웹사이트 주소 한 개만 넣을 수 있음

소개

주소나 운영시간 등 그 외 비즈니스에 도움이 되는 정보를 넣음.
150바이트 내에서 작성해야 함.
해시태그를 포함할 수 있음.

---

# 스타일 콘셉트

브랜드 콘셉트와 어울리는 형용사나 명사를 적어보고 그 콘셉트와
어울리는 이미지를 찾아서 붙여주세요.

브랜드 목적, 메시지에 어울리는 형용사나 명사 또는 어떤
분위기이어야 하는지 적어보세요. 생각하는 분위기와
비슷한 영화나 그림이 있다면 적어주세요.

왼쪽에서 설명한 분위기와 어울리는 사진이나 이미지로
브랜드가 지향해야 하는 스타일 사진 9개를 찾아서
넣어주세요.

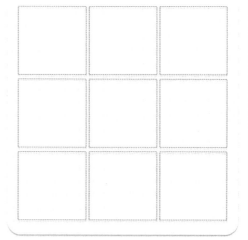

# 사진 스타일

어떤 사진을 올릴지 설명과 이미지를 넣어주세요.

주요 콘텐츠에 해당하는 사진은 어떤 스타일인지 사진을 위에 붙이고 밑에 특징 및 가이드를 적어주세요.
예) 제품 사진을 어떤 배경에서 어떤 앵글로 찍었는지를 보여주는 사진

# 사진 톤/필터

인스타그램 피드 사진의 톤을 정해주세요.

피드 사진에 일관되게 적용할 사진편집앱의 필터 1개를
선정해주세요.

왼쪽의 필터를 적용한 사진을 아래 그리드에 배치해보세요.

필터 :

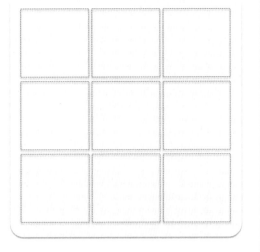

# 컬러 팔레트

인스타그램 피드에 주로 쓸 컬러를 선정해서 컬러팔레트를 만들어보세요.

브랜드 로고 및 피드 사진 구성을 생각해서 피드에 주로 나타나야 할 컬러를 팔레트에 채워 넣고, 컬러 코드를 정확히 지정해주세요.

| 메인 컬러 | | 서브 컬러 | | 포인트 컬러 |
|---|---|---|---|---|
| 컬러 | 컬러 | 컬러 | 컬러 | 컬러 |
| 컬러 코드 : | 컬러 코드 : | 컬러 코드 : | 컬러 코드 : | 컬러 코드 : |

컬러 팔레트 외에도 배경색 등으로 추가적으로 적용할 수 있는 컬러가 있다면 아래 넣어주세요.

---

# 그리드 레이아웃

브랜드 사진 9개를 배치해서 그리드 레이아웃을 해보세요.

그리드 레이아웃에 적용해야 할 룰이 있다면 아래 적어주세요.

그리드 유형 :

그리드 유형에 맞게 사진 9개를 배치해주세요.

# 폰트 스타일

피드 이미지에 적용할 폰트를 정해주세요.

피드에 폰트가 들어갈 경우, 브랜드 콘셉트에 어울리는 폰트 스타일을 정의해주세요. 예) 폰트 유형, 굵기, 기울기, 자간 등

폰트 설명

폰트가 적용된 피드 이미지 예시를 넣어주세요.

예시 이미지

# 스토리

인스타그램 스토리 스타일을 정해주세요.

스토리를 어떤 디자인 유형과 스티커를 적용해서 올릴 지 예시 이미지를 넣고, 하단에 추가 설명을 적어주세요.

# 스토리 하이라이트

스토리 하이라이트의 스타일을 정해주세요.

스토리 하이라이트는 어떤 스타일로 넣을지 이미지와 제목을 정해주세요.

# 무드보드만들기

스타일 가이드를 한 장의 무드 보드에 담아보세요.

무드 보드에 프로필 사진 및 설명, 하이라이트, 사진 피드 스타일 & 그리드 디자인, 컬러 팔레트, 스토리 스타일, 폰트 스타일 가이드를 넣어주세요.

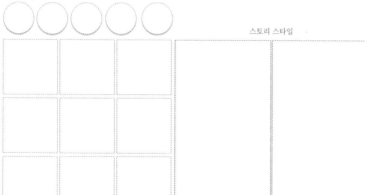

# 콘텐츠 카테고리

브랜드 메시지를 전할 수 있는 대주제의 카테고리를 선정해주세요.

브랜드 메시지를 다시 한번 적고, 큰 카테고리의 콘텐츠를 3~4개를 선정해서 어떤 내용을 담을지 설명을 넣어주세요.

브랜드 메시지 :

| 카테고리 | 설명 |
|---|---|
|  |  |
|  |  |
|  |  |
|  |  |

© 인스타그램 브랜딩 레시피 15

# 콘텐츠 상세 기획

올릴 콘텐츠의 상세 내용을 기획해서 적어주세요.

실제로 올릴 콘텐츠가 어떤 내용으로 올라가야 할지 설명을 아래 표에 넣어주세요.

| 카테고리 | 콘텐츠 주제/제목 | 사진/영상/이미지 | 캡션 주요 내용 | 해시태그 | 업로드 주기 | 업로드 시간 |
|---|---|---|---|---|---|---|
|  |  |  |  |  |  |  |
|  |  |  |  |  |  |  |
|  |  |  |  |  |  |  |

16

# 캡션 가이드

캡션을 쓸 때 적용해야 할 가이드를 적어주세요.

캡션에 대한 특별한 규정을 정해주세요.

시작 부분 방식

중간 부분 방식

마지막 부분 방식

# 해시태그 가이드

브랜드를 대표하는 해시태그 가이드를 정해주세요.

카테고리별 주제를 선정하고 주제에 관련된 해시태그를 대형, 중형, 소형으로 나눠서 적어주세요.

주제 :

대형

중형

소형

주제 :

대형

중형

소형

# 운영 페르소나 설정

운영자를 대표할 페르소나를 묘사해주세요.

운영자를 한 명의 사람이라고 생각하고 그 사람의 성격, 생각 등 운영자의 캐릭터를 묘사해주세요.

위의 캐릭터와 잘 어울리는 타 브랜드 또는 인플루언서를 적어주세요. (추후 협업을 염두하고 생각해주세요)

# 운영 가이드

운영자의 캐릭터를 묘사해주시고, 어떻게 응답할지 적어주세요.

운영자 캐릭터를 반영해서 이 캐릭터가 운영 시 어떻게 응답할지 등의 행동 가이드를 정해주세요.

운영자 캐릭터를 반영해서 이 캐릭터가 운영하는 이벤트는 어떤 방식일지 적어주세요.

운영자 캐릭터를 반영해서 이 캐릭터가 광고를 한다면 어떤 방식일지 적어주세요.

264

# 운영 스케줄

월 운영 캘린더를 작성해주세요.

콘텐츠(사진,영상,스토리), 광고, 이벤트 업로드 스케줄을 월간 캘린더에 표시해주세요.

| | 월 | 화 | 수 | 목 | 금 | 토 | 일 |
|---|---|---|---|---|---|---|---|
| 1주 | | | | | | | |
| 2주 | | | | | | | |
| 3주 | | | | | | | |
| 4주 | | | | | | | |

# Instagram Monthly Report

본 문서는 인스타그램 월간 보고서 양식입니다.

## SUMMERY

**목표**

**전략**

**지표 및 전월 대비 성장**

|  | 총 팔로워 | 도달 | 노출 | 게시물반응 | 참여율 | 웹사이트 클릭 |
|---|---|---|---|---|---|---|
| **TOTAL** |  |  |  |  |  |  |
| 성장률% |  |  |  |  |  |  |

2

# INSIGHT

인기 게시물

인사이트

# KEY LEARNING

효과가 있었던 것

효과가 없었던 것

기회 요소

# Hashtag Guide Workbook

본 문서는 브랜드 해시태그를 만들 수 있는 해시태그 가이드 워크북입니다.

---

## Hashtag Worksheet

카테고리에 해당하는 자신의 핵심 키워드를 적고, 이 카테고리의 대,중,소 규모로 포스트가 있는 해시태그를 넣어보세요. (예시 참조)

LARGE : 500K 이상     MEDIUM: 100-500K Post     SMALL : 100K Post 미만

| | |
|---|---|
| | **LARGE** #브랜드디자인 #비쥬얼디자인 #디자인스튜디오 #그래픽디자인 |
| **브랜딩 스튜디오**<br><br>*카테고리 : 비즈니스 유형* | **MEDIUM** #브랜드디자이너 # 브랜드스튜디오 |
| | **SMALL** #그래픽디자이너에이전시 #스몰디자인스튜디오 #서울디자인스튜디오 |

LARGE : 500K 이상     MEDIUM: 100-500K Post     SMALL : 100K Post 미만

| | |
|---|---|
| | **LARGE** #인스타그램#브랜딩#전략 |
| **인스타그램 브랜딩 전략**<br><br>*카테고리 : 비즈니스 강점* | **MEDIUM** #인스타그램브랜딩#인스타그램전략#인스타그램컨설팅 |
| | **SMALL** #인스타그램브랜딩전략#인스타그램브랜딩레시피#인스타그램브랜딩컨설팅#인스타그램브랜딩코칭#인스타그램브랜딩성공사례 |

# Hashtag Worksheet

다음 카테고리별에 해당하는 자신의 핵심 키워드를 적고, 이 카테고리의 대,중,소 규모로 포스트가 있는 해시태그를 넣어보세요.

LARGE : 500K 이상    MEDIUM: 100-500K Post    SMALL : 100K Post 미만

| | |
|---|---|
| LARGE | |
| MEDIUM | |
| *카테고리 : 비즈니스 유형* SMALL | |

LARGE : 500K 이상    MEDIUM: 100-500K Post    SMALL : 100K Post 미만

| | |
|---|---|
| LARGE | |
| MEDIUM | |
| *카테고리 : 비즈니스 강점* SMALL | |

---

# Hashtag Worksheet

다음 카테고리별에 해당하는 자신의 핵심 키워드를 적고, 이 카테고리의 대,중,소 규모로 포스트가 있는 해시태그를 넣어보세요.

LARGE : 500K 이상    MEDIUM: 100-500K Post    SMALL : 100K Post 미만

| | |
|---|---|
| LARGE | |
| MEDIUM | |
| *카테고리 : 위치* SMALL | |

LARGE : 500K 이상    MEDIUM: 100-500K Post    SMALL : 100K Post 미만

| | |
|---|---|
| LARGE | |
| MEDIUM | |
| *카테고리 : 제품 특징* SMALL | |

# Hashtag Worksheet

다음 카테고리별에 해당하는 자신의 핵심 키워드를 적고, 이 카테고리의 대,중,소 규모로 포스트가 있는 해시태그를 넣어보세요.

LARGE : 500K 이상    MEDIUM: 100-500K Post    SMALL : 100K Post 미만

| | LARGE | |
| | MEDIUM | |
| 카테고리 : 스타일 | SMALL | |

LARGE : 500K 이상    MEDIUM: 100-500K Post    SMALL : 100K Post 미만

| | LARGE | |
| | MEDIUM | |
| 카테고리 : 컨셉 | SMALL | |

---

# Hashtag Worksheet

다음 카테고리별에 해당하는 자신의 핵심 키워드를 적고, 이 카테고리의 대,중,소 규모로 포스트가 있는 해시태그를 넣어보세요.

LARGE : 500K 이상    MEDIUM: 100-500K Post    SMALL : 100K Post 미만

| | LARGE | |
| | MEDIUM | |
| 카테고리 : 타겟 | SMALL | |

LARGE : 500K 이상    MEDIUM: 100-500K Post    SMALL : 100K Post 미만

| | LARGE | |
| | MEDIUM | |
| 카테고리 : 프로모션 | SMALL | |

# Hashtag Worksheet

카테고리를 자유롭게 적고, 이 카테고리의 대,중,소 규모로 포스트가 있는 해시태그를 넣어보세요.

LARGE : 500K 이상          MEDIUM: 100-500K Post          SMALL : 100K Post 미만

LARGE

MEDIUM

SMALL

*카테고리 :*

LARGE : 500K 이상          MEDIUM: 100-500K Post          SMALL : 100K Post 미만

LARGE

MEDIUM

*카테고리 :*

SMALL

---

# Hashtag Worksheet

카테고리를 자유롭게 적고, 이 카테고리의 대,중,소 규모로 포스트가 있는 해시태그를 넣어보세요.

LARGE : 500K 이상          MEDIUM: 100-500K Post          SMALL : 100K Post 미만

LARGE

MEDIUM

SMALL

*카테고리 :*

LARGE : 500K 이상          MEDIUM: 100-500K Post          SMALL : 100K Post 미만

LARGE

MEDIUM

*카테고리 :*

SMALL

# Storyboard Workbook

본 문서는 스토리, 릴스, 영상, 슬라이드 콘텐츠의 스토리를 구상할 때 쓰는 스토리보드 양식입니다.

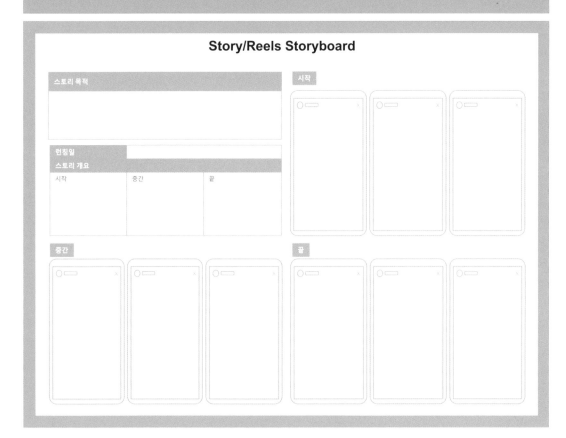

## Story/Reels Storyboard

**스토리 목적**

**시작**

**런칭일**

**스토리 개요**

| 시작 | 중간 | 끝 |
|------|------|-----|
|      |      |     |

**중간**

**끝**

# Slide/Video Storyboard

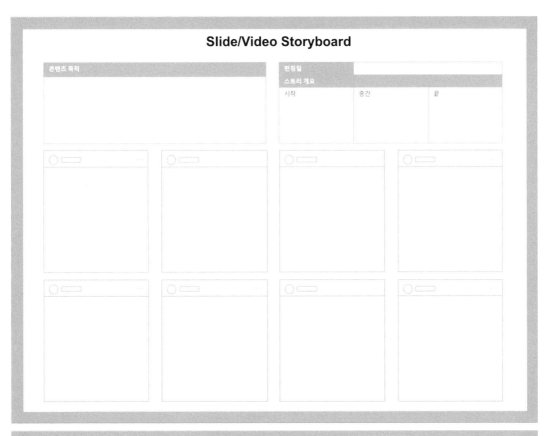

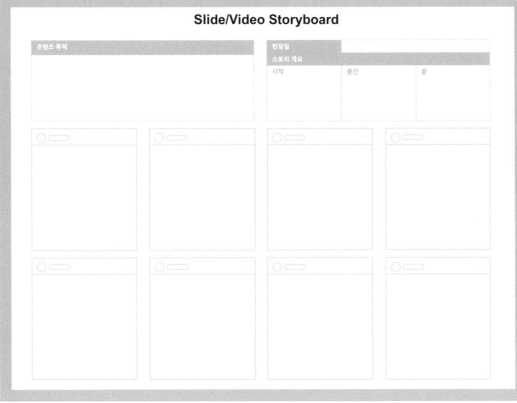

# Instagram credit

이 책은 아래 브랜드들의 도움을 받았습니다.

## 1장

@ch.yoooon 윤쌤홈트

@bashparis ba&sh

@tiamo_doha 지 원

@toolzshop 툴즈샵

@29cm.official 29CM

@me_and_orla Sara Tasker

@unboncollector.store 앙 봉 꼴렉터

@fille.forever fille [피으]

@ouglasswork 오유글라스워크

@bruun.uk brüun

@jeju.umu 우무

## 2장

@frenchwords French Words

@masterclass MasterClass

@bliss Bliss

@babetown BABETOWN

@aday ADAY

@yellowberry Yellowberry

@publy.co 퍼블리

@mikyungkim_kr 김미경

@beautypie BEAUTY PIE

@frank_bod frank body

@fille.forever fille [피으]

@inapsquare INAPSQUARE

## 3장

@depound 드파운드

@lilahbeauty lilah b.

@matchacha_seoul Matchacha Seoul

@popup.grocer Pop Up Grocer

@paper_smiths Papersmiths

@sophiaroe Sophia Roe

@aimeskincare   aime

@official_whiteblock 화이트 블럭

@jeongo_innerside 정고이너사이드

@annmarieskincare Annmarie Skin Care

@french.creative FRENCH CREATIVE

@margarethowellltd Margaret Howell

@theory__ Theory

@moschino Moschino

@miumiu Miu Miu

@l.uniform L/UNIFORM

@bossbabe.inc BossBabe™

@Kinfolk Kinfolk Magazine

@union_magazine UNION™

@steviejeanjewellery Stevie Jean

@shopclarev Clare V.

@lunya LUNYA

@koskela_ Koskela

@chaegbar 책바

@jodol_world JODOL WORLD

@vsco VSCO

@acolorstory A Color Story

@abeautifulmess Elsie + Emma A Beautiful Mess

@tiamo_doha 지 원

@place._j le petit atelier

@cociety_ 코사이어티

@folin_story 폴인 fol:in

@chloeandpaul.kr 클로이 앤 폴

@frenchwords French Words

@studiokynd CONSCIOUS BRANDING & DESIGN

@soyouwanttottalkabout so you want to talk about...

@creme.objet 크렘므오브제

@beigic_official 베이지크

@leeyeonstein 이연

@editiondenmark 에디션덴마크

@bomarket 보마켓

@piknic.kr 피크닉

@josoowa 조수와

@herstellerbeauty 허스텔러

@orer.archive orer Archive

@ohlollyday.official 오롤리데이


# 4장

@nicetomeetme.kr 밑미

@chaegbar 책바

@maumsee_gong 마음See

@tiamo_doha 지 원

@fille.forever fille [피으]

@letterfolk Letterfolk

@mingoo.choi 밍코치

@frank_bod frank body

@fellaswim F E L L A

@baileyjst Bailey Stanworth

@markaworks Marka Works ®

@mtl_cafebakery mtl cafe & bakery

@mate_the_label MATE the Label

@netflixkr Netflix Korea

@lululemon lululemon

@wconceptkorea WCONCEPT

@the.housemal Hi! Andra here

@prismcoffeeworks prism coffee works

@29cm.official 29CM

@beforeafter.design Before&After Design

@designedbybetty BETTY

@yun.seoul YUN

@frankiejean Frankie Jean ™

@wconceptkorea WCONCEPT

@marketb.kr 마켓비

@unboncollector.store 앙 봉 꼴렉터

@l.uniform L/UNIFORM

@freshmestudio FRESHMESTUDIO

@beautypie BEAUTY PIE

@goosoo_in 정통 방앗간 구수한 사람들

@ohora_lab 오호라 LAB

@bimbaylola BIMBA Y LOLA

@melixirskincare_kr 멜릭서

@stibeemail 스티비

@lifehacking.school 라이프해킹스쿨

@noom.official 눔

@written.on.water Written on Water

@montbest 몽베스트

@sockstaz 삭스타즈

@kuoca.official 쿠오카

@beigic_official 베이지크

@brewmethods Brew Methods

@luv___hy.m yogini 다솜

@tiamo_doha 지 원

@mardi_mercredi_official Mardi Mercredi

@mamondekorea 마몽드

@minumsa_books 민음사

@oimu_ 오이뮤

# 5장

@ohlollyday.official 오롤리데이

@binggraekorea 빙그레

@patagoniakorea Patagonia Korea

@official.cass 카스

@corellebrands.kr 코렐브랜드 코리아

memo